BLAGUES coquines

Un médecin a une aventure extraconjugale avec son infirmière. Un matin, elle lui annonce qu'elle est enceinte. Comme le médecin ne veut pas que son épouse ait le moindre doute, il remet à l'infirmière une grosse somme d'argent pour se payer un long voyage en Italie.

L'infirmière demande :

- Mais comment vais-je te faire savoir que le bébé est né ?
- C'est simple, dit-il. Fais-moi parvenir une carte postale et écris juste spaghetti sur celle-ci.

Six mois plus tard, son épouse lui téléphone au cabinet de consultation et lui dit qu'il a reçu une étrange carte postale d'Italie, à laquelle elle ne comprend rien.

Il lui dit :

- Lorsque je serai à la maison, je t'expliquerai.

De retour chez lui, il regarde la carte et tombe au sol, victime d'un arrêt cardiaque.

Les ambulanciers arrivent peu de temps après, et en lui donnant les premiers soins, demandent à l'épouse comment sa crise cardiaque est arrivée.

L'épouse leur explique que c'est à la lecture de la carte qu'il s'est effondré et elle lit le texte de la carte :

- Spaghetti, Spaghetti, Spaghetti, Spaghetti, deux avec des boulettes et deux sans boulettes.

C'est une jeune femme un peu naïve qui se rend chez son médecin parce qu'elle vient de s'apercevoir qu'elle est enceinte.

Son médecin l'ausculte et lui pose la question :

- Vous êtes enceinte de combien, mademoiselle ?

La jeune fille :

- Je ne sais pas, il faisait noir, je n'ai pas compté.

Six superbes femmes et un homme se retrouvent sur une île déserte après un naufrage.
Très rapidement et pour éviter les querelles, il est décidé que chaque femme aura droit à l'homme un jour de la semaine et que celui-ci gardera son dimanche libre.
Mais après un certain temps, les créatures ont beau être de rêve, l'homme commence à se fatiguer d'autant que ses partenaires sont toujours affamées après une semaine d'abstinence.
Aussi voit-il arriver avec satisfaction sur l'île, le survivant d'un autre naufrage. Il va rapidement à sa rencontre sur la plage.
Le nouveau en abordant l'île s'écrie :
- Oh comme c'est chou ici...
Et l'autre s'exclame alors :
- Zut... mon dimanche est foutu !

Une femme entre dans un magasin de lingerie et demande au vendeur s'il lui serait possible de faire broder un texte sur ses culottes et sur son soutien-gorge.
- Pas de problème, répond le vendeur, quel est le texte ?
- Si vous pouvez lire ceci, c'est que vous êtes trop près !
- Hum, oui, et... en cursives ou capitales ?
- Ni l'un ni l'autre... en braille !

La virginité, c'est comme une mouche sur le dos d'une vache...
Ça part d'un coup de queue...

A la sortie d'une pharmacie, un étudiant interroge les clients pour un sondage :
- Bonjour madame. Je représente le laboratoire GLISSTOUSSEUL et je fais une enquête sur les multiples usages de la vaseline officinale à la maison. Puis-je vous demander comment vous utilisez notre produit ?
La femme répond :
- Oui, d'accord. Alors à la maison, on utilise la vaseline pour les coupures, la peau sèche, les gerçures, et quand on fait l'amour aussi.
Le sondeur lui demande alors :
- A propos de la dernière utilisation que vous avez citée, pourriez-vous préciser les conditions dans lesquelles vous utilisez la vaseline ?
Alors, sans se démonter, la femme répond :
- J'en mets sur la poignée de porte... ça empêche mes petits enfants d'entrer dans la chambre.

D'après une enquête, les hommes ont les opinions suivantes sur les jambes des femmes :
10 % des hommes interrogés préfèrent les jambes fines,
20 % les jambes musclées,
les autres se positionnent entre les deux.

Au cours d'une discussion entre amis, un homme se fait gentiment traiter de macho.
- Moi, macho ? Absolument pas ! Tenez, tous les matins, j'apporte le café au lit à ma femme. Elle n'a plus qu'à le moudre...

Un professeur d'économie dans une université anglaise qui avait la fâcheuse tendance de toujours raconter des blagues salaces et de faire des insinuations grivoises.
Lassées d'être toujours prises pour cible, quelques étudiantes décidèrent qu'à la moindre allusion à tendance sexuelle, elles se lèveraient et quitteraient l'auditoire en signe de protestation.
Néanmoins, un garçon ayant entendu les filles élaborer leur plan et voulant fayoter raconta tout au professeur.
Au cours suivant qui parlait de l'économie française, le professeur plaça judicieusement cette phrase :
- Vous savez que malgré un taux de chômage élevé, la France a encore besoin de main d'œuvre... On sait, par exemple, qu'il y a une pénurie de prostituées à Paris...
A ces mots, les filles ayant décidé la rébellion se regardèrent, opinèrent du chef et se levèrent toutes en même temps pour quitter la salle...
Et le professeur, les observant d'un air innocent leur dit bien fort :
- Allons mesdemoiselles, inutile de vous presser ! Le prochain avion pour Paris ne décolle pas avant ce soir.

Une jeune femme se plaint à une amie :
- Chaque fois que je mets mon linge sécher dehors, il pleut et le linge ne sèche pas bien.
L'amie lui répond qu'elle a une méthode radicale :
- Lorsque je me réveille le matin, je regarde la zigounette de mon mari : si elle pend à gauche, c'est qu'il va faire beau et je peux sans crainte étendre ma lessive dehors. Par contre, si elle pend à droite, c'est que le mauvais temps s'annonce et qu'il ne faut pas étendre la lessive à l'extérieur. C'est infaillible.
- Super, et s'il pointe en l'air ? demande la jeune femme.
- Ces jours-là, je ne fais pas la lessive et j'en profite !

Sur une plage en été, un vieux monsieur vient se planter devant une fille superbe en monokini et lui dit :
- Laissez-moi vous toucher les seins !
- Dégage vieux pervers, lui répond la fille.
- Je veux vous toucher les seins ! Je vous donnerai 30 euros !
- 30 euros ! Ça ne va pas non ? Pour qui me prends-tu vieux polisson ?
- Laissez-moi palper vos seins et je vous donnerai 50 euros !
- Non ! Dégagez de là !
- Et si je vous offre 100 euros ?
La fille marque une pause, réfléchit, et répond :
- Non, j'ai dit non !
- Je vous donnerai 300 euros !
Alors la fille se dit : il est vieux, il semble inoffensif... je vais prendre les 300 euros ! Et elle lui répond :
- Bon, c'est d'accord, mais seulement 30 secondes.
Alors le vieux s'approche d'elle et prend les deux beaux seins de la fille dans ses mains, et tout en les malaxant, il commence à psalmodier :
- Oh mon Dieu ! Oh mon Dieu ! Oh mon Dieu !
La fille au bout d'un moment lui demande intriguée :
- Dites, pourquoi vous n'arrêtez pas de dire : Oh mon Dieu !
Et le gars, tout en continuant à triturer les nichons répond :
- Oh mon Dieu ! Oh mon Dieu ! Où vais-je trouver 300 euros ?

Une basketteuse mesurant presque deux mètres est en train de faire l'amour avec un nain.
Elle lui dit :
- Bon, quand tu auras terminé, tu monteras m'embrasser ?

C'est un beau jeune homme qui rentre à l'hôpital pour subir une petite intervention chirurgicale le matin.
L'après-midi, il reçoit la visite de son meilleur copain.
L'ami est abasourdi quand il voit le nombre d'infirmières qui rentrent et qui sortent de la chambre de son pote, qui avec des rafraîchissements, qui pour remettre l'oreiller en forme, qui pour faire le lit, qui pour prendre la température, qui pour faire un massage ou une friction, etc.
Alors le copain demande :
- C'est incroyable tout ce remue-ménage autour de ta petite personne... Pourquoi as-tu tant de succès ?
Et le jeune homme avoue en rigolant :
- Ah ça... Les infirmières ont créé une sorte de fan club quand elles ont appris qu'il avait fallu 36 points de suture pour me faire une circoncision !

C'est un homme qui veut faire une petite blague à sa femme.
Alors qu'elle est en train de prendre sa douche, il arrive sans bruit derrière elle et lui attrape les seins en disant :
- S'ils étaient un peu plus fermes, tu n'aurais pas besoin d'acheter de soutien-gorge !
Le lendemain, une fois encore, il lui fait une blague. Il arrive derrière elle et il lui met les deux mains sur les fesses, en disant :
- Si elles étaient un peu plus fermes, tu n'aurais pas besoin de mettre une gaine.
La femme ne dit rien, mais pense alors à sa revanche...
Le lendemain, comme le mari sort de la douche, sa femme lui attrape la zigounette et lui dit :
- Si elle était un peu plus ferme, je n'aurais pas besoin de coucher avec ton frère !

Deux copains s'interrogent sur les moyens de savoir si on est un bon amant ou non.
Le premier dit :
- Si on est vraiment bon, la femme doit s'endormir d'épuisement après l'amour.
Le second s'écrie :
- Je dois être un super coup alors ! Ma femme s'endort toujours en plein milieu.

Comment satisfaire une femme à coup sûr ?
Caresser, faire des éloges, dorloter, faire les choses avec goût, masser, faire des plans pour le futur, complimenter, supporter, ne pas tourmenter, être propre, avoir de l'humour, être apaisant, consoler, étreindre, choyer, exciter, calmer, protéger, téléphoner, anticiper, bécoter, pardonner, se sacrifier, partir, revenir, supplier, divertir, charmer, rester en arrière, ramper, démontrer l'égalité, fasciner, attendre, implorer, pleurer, se laver, se raser, avoir confiance, s'aplatir, défendre, cajoler, bien se vêtir, glorifier, acquiescer, se parfumer, fusionner, pétiller, aider, câliner, être sensible, admettre, progresser, récompenser, embrasser, accepter, écouter, comprendre, évoluer, offrir des cadeaux, aimer danser, quémander, implorer, s'adapter, soigner, réparer, soulager, mourir pour elle, tuer pour elle, rêver d'elle, promettre, délivrer, servir, taquiner, flirter, se confier, s'engager, désirer, murmurer, se blottir, frotter, sauver, mordiller, gratifier.

Comment satisfaire un homme à coup sûr ?
Se mettre nue.

C'est un petit garçon qui se réveille pendant la nuit parce qu'il entend du bruit dans la chambre de ses parents.
Le matin, il va voir sa maman et lui dit :
- Maman, la nuit dernière, je vous ai entendus faire du bruit dans votre chambre, toi et papa. Alors j'ai été voir ce que vous faisiez, et je t'ai vue en train de rebondir sur papa.
La maman, un peu surprise répond :
- Oh... eh bien... en fait, je rebondissais sur l'estomac de papa, parce que tu sais, papa a un gros ventre, et comme ça, j'arrive à aplatir le ventre de papa.
Alors le petit garçon répond :
- Eh ben, ça ne pourra jamais marcher !
La maman demande alors pourquoi.
Et le petit garçon répond :
- Parce que la voisine, elle vient tous les jours après que tu sois partie, et elle souffle dans papa !

Deux collègues discutent au bureau. Ils parlent de la nouvelle secrétaire qui vient d'être embauchée. Roger s'adresse à Robert :
- Oh dis donc ! Hier, alors que ma femme me croyait au match de foot avec les copains, je l'ai invitée à dîner. Ensuite on est allé à l'hôtel. Et bien, je peux te dire qu'elle fait beaucoup mieux l'amour que ma femme !
Deux jours plus tard, Robert s'adresse à Roger :
- A propos de la nouvelle secrétaire, hier moi aussi je suis sorti avec elle. Ensuite, nous sommes allés à l'hôtel. Et bien si tu veux mon avis, elle ne fait pas beaucoup mieux l'amour que ta femme.

Trois gars discutent ensemble : un de 20 ans, un de 40 ans et un de 60 ans...
Le gars de 20 ans dit :
- Moi je bande quand je veux !
Le gars de 40 ans dit :
- Moi je bande quand je peux !
Le gars de 60 ans dit :
- Bande de chanceux !

Une vieille dame croise un jeune homme dans la rue, et lui demande :
- Quel âge me donnez-vous ?
- Les jambes 30... les bras 25... les seins 35... le visage 30... les hanches 25...
- Oh ! Mais vous me flattez !
- Attendez ! Je n'ai pas encore fait l'addition !

C'est un homme qui est invité aux noces d'un ami. Arrivé sur les lieux, il se rend compte que la mariée est hideuse :
- Charles, tu ne vas pas te marier avec cet engin, elle a une jambe plus courte que l'autre, le nez qui tombe dans la bouche, une verrue et un œil de travers... ?
Le futur marié lui répond :
- Tu sais Richard, tu peux parler plus fort, elle est sourde...

Dieu créa l'univers et il vit que c'était beau.
Dieu créa la Terre et il vit que c'était beau.
Dieu créa la nature et il vit que c'était beau.
Dieu créa les animaux et il vit que c'était beau.
Dieu créa l'homme et il vit que c'était beau.
Dieu créa la femme et puis il se dit :
- Bof ! Elle se maquillera !

Au restaurant des gens s'installent et appellent une serveuse :
- Bonjour mademoiselle, vous avez des cuisses de grenouilles ?
La demoiselle répond alors :
- Non, c'est mon blue-jean qui me serre un peu !

C'est l'histoire d'un couple très dépensier qui n'arrive jamais à faire des économies pour prendre des vacances en Inde, ce dont ils rêvent tous les deux depuis longtemps.
Un jour, le gars a une idée : à chaque fois qu'ils feront l'amour, ils mettront un billet de côté dans une tirelire. Un an plus tard, ils décident de casser la tirelire.
Le mari compte les billets et dit :
- C'est bizarre, à chaque fois qu'on a fait l'amour, j'ai mis des billets de 10 euros dans la tirelire et ici je trouve des billets de 20 euros et d'autres de 50 euros...
Et la femme répond :
- Parce que tu penses que tout le monde est aussi pingre que toi peut-être ?

C'est un homme qui attend sa nouvelle bonne.
Quand on sonne à la porte, il va ouvrir et voit une magnifique créature vraiment "bonne".
Il dit alors :
- Ouuuuuuui !
La bonne répond :
- C'est la nouvelle bonne.
- Ha ha ha, quelle bonne nouvelle ! dit le gars.
L'homme commence à l'interroger sur ses compétences :
- Vous savez faire la vaisselle ?
- Oui !
- Vous ne cassez pas trop de vaisselle ?
- Non !
- Vous savez bien faire à manger ?
- Oui, très bien.
- Vous aimez les enfants ?
- Pour ça, je préfère que vous attendiez un peu !

Un petit garçon demande à sa mère :
- Maman, comment je suis né ?
- Euh....Eh bien dans un chou ! Ton père et moi, nous t'avons trouvé dans un chou...
- Et ma sœur, comment elle est née ?
- Elle ? Dans...dans une rose ! Nous l'avons trouvée dans une magnifique rose...
Le soir, le petit garçon entre sans frapper dans la chambre de ses parents et les trouve en train de faire l'amour.
Il leur lance alors :
- Alors, les vieux, on jardine ?

Les hommes, c'est comme la lettre Q.
Un gros zéro et une petite queue...

Comment faire crier votre femme pendant l'amour ?
Appelez-la au téléphone et dites-lui où vous êtes et ce que vous faites !

Le juge à l'accusé :
- Vous êtes reconnu non coupable de l'accusation de bigamie qui pesait contre vous. Vous pouvez retourner avec votre épouse.
Alors l'accusé demande :
- Laquelle votre honneur ?

Une jeune fille de six ans demande à sa mère :
- Maman, comment fait-on pour avoir des bébés ?
- Eh bien ma chérie, le pénis de papa va dans le vagin de maman.
- Mais maman, pourquoi le pénis de papa est allé dans ta bouche, hier soir ?
- Ma chérie, ça c'est pour avoir des bijoux.

Une définition du mariage : une manière très coûteuse d'avoir votre linge lavé et repassé gratuitement.

C'est le père qui se promène avec son fils (6 ans) :
- Papa, papa, c'est quoi, ça ?
- Ça, c'est une mercerie.
- Et qu'est-ce qu'on y fait ?
- On y vend des boutons, du tissu...
- Et ça, qu'est-ce que c'est ?
- Ça, c'est une boucherie.
- Et qu'est-ce qu'on y fait ?
- On y vend de la viande.
- Et ça qu'est-ce que c'est (il montre un bordel) ?
- Je te le dirai quand tu seras plus grand !

Le lendemain, intrigué, le petit casse sa tirelire, prend de l'argent et se rend au bordel. Il sonne à l'entrée.

La maquerelle lui ouvre et le fait vite entrer pour ne pas qu'on le voie devant cette porte.

Elle appelle une de ses filles et lui dit de préparer quelques tartines de confiture pour le petit garçon.

Le père rentre à ce moment-là du travail et s'étonne de ne pas voir son fils à la maison. Il repense à la dernière question de son fils. Il décide d'aller voir.

Quand il arrive devant le bordel, il voit son fils ressortir avec un sourire jusqu'aux oreilles.

Le père lui dit :
- Tu n'as pas honte, espèce de morveux. Qu'est-ce que t'as fait là-dedans ?

Le fils lui répond :
- Je m'en suis tapé cinq. La sixième, je n'en pouvais plus, alors je l'ai léchée.

Un gamin regarde sa mère enceinte se dévêtir...
- Dis Maman, pourquoi tu as un gros ventre ?
- Ça, lui répond sa maman, c'est parce que papa m'a donné un petit bébé.
Il sort de la chambre et s'en va retrouver son père pour lui demander :
- Papa, c'est vrai que tu as donné un petit bébé à maman ?
- Oui, lui répond tendrement son jeune papa.
- Eh bien, elle l'a mangé !

Une petite fille demande :
- Dis Maman, ça s'écrit comment bite avec un t ou deux t ?
La Maman lui répond :
- Mets en trois, c'est jamais assez long !

Véronique, 20 ans, et sa petite sœur Patricia, 12 ans, sont ensemble sous la douche.
Patricia demande :
- Oh ! C'est quoi ça ?
Véronique (très fière) lui répond :
- Ce sont des poils !
Et Patricia s'inquiète :
- Et ça ne te gêne pas pour baiser ?

Entendu sur un répondeur téléphonique :
- Ma femme et moi ne pouvons pas répondre pour le moment, mais si vous nous laissez vos coordonnées, nous vous rappellerons dès que nous aurons fini.

Deux copains parlent jardinage.
L'un deux dit à l'autre :
- Quel est ton secret pour obtenir les énormes tomates que j'ai vues dans ton jardin hier ?
- Hmmm... je ne sais pas si je dois te le dire car tu ne me croiras pas.
Mais le premier insiste. Du coup, l'autre lui révèle son secret :
- Eh bien, tous les soirs après le souper, je prends ma douche, j'enfile ma robe de chambre et je vais au jardin. Je me mets devant mes plantations et j'ouvre ma robe de chambre toute grande pendant cinq minutes, c'est tout.
Le lendemain, le premier exécute le même rituel que son ami et ainsi de suite les jours suivants. En peu de temps, il voit ses tomates grossir énormément. Il en est très satisfait.
Sa jolie voisine, ayant remarqué les énormes tomates veut connaître son secret.
Un peu embarrassé, il tente d'éluder la question, mais elle insiste, et rouge de confusion, il doit lui aussi confier sa méthode.
La voisine, ravie, lui dit qu'elle aussi va l'essayer.
Après deux semaines, n'ayant pas eu de nouvelles de sa jolie voisine, il va sonner chez elle.
- Alors, ces tomates, elles sont à votre goût ?
- Bof, lui répond-elle, elles sont toujours petites, mais vous devriez voir mes concombres, il sont énormes !

C'est l'histoire d'un gars qui, après plusieurs années de mariage, n'arrive plus à avoir aucune érection. Il va voir le médecin qui lui prescrit plusieurs traitements, mais aucun ne fonctionne.
Après six mois de ces différents essais, le médecin lui dit :
- Tout est dans votre tête, il vous faut consulter un psychiatre.
Mais après 6 mois de psychanalyse, aucune amélioration ne semble s'annoncer et le pauvre monsieur reste toujours aussi mou.
Du coup, le psy lui conseille :
- J'y perds mon latin. Franchement, je ne vois pas ce qui cloche avec votre libido... En désespoir de cause, je vais vous donner l'adresse d'une rebouteuse. Peut-être pourra-t-elle faire quelque chose pour vous.
La rebouteuse, une fois que le gars lui a expliqué sa maladie, lui dit :
- J'ai ce qu'il vous faut, et pour appuyer ses dires, elle va chercher dans un bocal de son arrière-boutique une poudre qu'elle met dans un petit sachet.
Puis elle ajoute :
- Il vous suffit d'ingérer cette poudre et de prononcer les mots : 1-2-3. Alors, dans les secondes qui suivront, vous aurez un sexe turgescent aussi beau et aussi dur qu'un concombre.
Mais attention, cela ne marchera qu'une fois par an. Je suis désolée, mais je n'ai que ça à vous proposer.
Le gars espérait mieux, mais comme ça fait déjà plus d'un an qu'il fait ceinture, il est quand même satisfait. Il demande alors :
- Comment cela s'arrête-t-il ?
La rebouteuse lui répond :
- Pour arrêter, il faut prononcer à nouveau 1-2-3 et le charme se rompt, pour une année.
Alors le gars rentre chez lui, et le soir, il ingère la poudre.
Et une fois dans le lit à côté de sa femme, il dit :
- 1-2-3.
Et aussi sec, le voilà avec un zizi gigantesque. Le gars sourit jusqu'à ses oreilles, se tourne vers sa femme... et au même moment sa femme lui demande :
- Pourquoi viens-tu de dire : 1-2-3 ?

Une belle jeune femme blonde rencontre une de ses amies d'enfance, qu'elle n'avait pas revue depuis la petite école.
- Alors, qu'est-ce que tu es devenue? lui demande-t-elle.
- Eh bien, après l'école primaire, je suis entrée au collège, j'ai eu mon B.E.P.C. et ensuite mon B.A.C.
Ensuite, j'ai intégré un I.U.T, j'en suis sortie avec un D.U.T qui m'a permis d'entrer à la FAC où j'ai obtenu un D.E.U.G. Ayant pris goût aux études, j'ai fait un M.B.A et maintenant je suis P.D.G d'une P.M.E. ! Je crois que je peux dire que j'ai réussi.... Mais je parle, je parle... Et toi que deviens-tu ?
- Moi ? Je n'ai pas mal réussi non plus, mais seulement avec mon CUL.

Un gamin va voir sa mère, accompagné de sa petite copine.
- N'est-ce pas maman qu'à notre âge, on ne peut pas avoir d'enfants ?
- Mais non mon cœur, vous êtes trop jeunes pour ça ! répond la mère en souriant.
Alors en se retournant vers sa petite camarade :
- Tu vois je te l'avais bien dit, c'était pas la peine que je me retire !

Un matin, une jeune femme, fervente automobiliste, arrive en retard à son bureau, avec un bras bandé.
- J'étais sûr que ça arriverait un jour, s'écrie un de ses collègues. Que s'est-il passé ?
La femme lui répond :
- J'ai voulu éviter un enfant.
- Et alors ?
- Je suis tombée du lit.

Une jeune femme en vacances à l'hôtel a décidé d'aller faire un peu bronzette sur un des transats placés sur la terrasse de l'hôtel.
Le premier jour, elle porte son maillot de bain deux pièces, mais dès le lendemain, comme elle se rend compte que personne d'autre qu'elle n'utilise la terrasse de l'hôtel, elle se décide à faire du bronzage intégral.
La voilà donc qui se couche à même le sol, sur le ventre.
Très peu de temps après s'être installée, elle entend quelqu'un qui monte par l'escalier en courant. Elle reste couchée et pose simplement une serviette sur son derrière.
C'est un groom qui arrive et s'adresse alors à elle :
- Je vous prie de m'excuser, mademoiselle. Le directeur de l'hôtel m'envoie vous dire que vous avez tout à fait le droit de prendre des bains de soleil sur la terrasse de l'hôtel, mais qu'il serait préférable de porter votre maillot de bain comme vous le faisiez hier.
La jeune femme, un peu agacée lui répond :
- Quelle différence cela peut-il faire? Personne ne peut me voir ici, et en plus, je me suis couvert le postérieur !
Le groom, très embarrassé lui répond :
- Eh bien, pas exactement personne... En fait, vous êtes couchée au-dessus de la verrière de la salle de restaurant.

Comment appelle-t-on un homme et une femme qui pratiquent la méthode Ogino ?
- Papa et Maman.

Ginette est allée à un bal costumé.
Sa meilleure amie lui demande :
- Alors c'était bien cette soirée ?
- Oh, c'était super ! j'ai dansé avec un mec génial qui était déguisé en Adam !
- En Adam ? Et alors ?
- Eh bien, maintenant, je sais ce que ça veut dire : être dur de la feuille !

Le célèbre magicien Majax passe ses vacances sur une plage naturiste. Un jour, une dame le reconnaît et se précipite vers lui :
- Oh, monsieur Majax, faites-moi un tour de magie !
Majax est très embêté, car il n'a aucun accessoire à sa disposition...
Mais il a une idée et dit à la dame :
- D'accord, retournez-vous !
La dame s'exécute, mais elle sursaute lorsqu'elle sent un corps étranger s'insinuer en elle.
Majax lui dit alors :
- Vous le sentez, mon doigt, là ?
- Oui, oui, répond-elle.
Majax tend alors les bras et passe ses deux mains devant les yeux de la dame et lui dit :
- Abracadabra !

Un homme voyage en avion . A côté de lui, une fille super top genre Cindy Crawford, est en train de lire un livre.
Le gars cherche à engager la conversation :
- Il a l'air intéressant votre livre.... de quoi parle-t-il ?
La fille :
- Oh, c'est très intéressant, en effet. C'est un livre sur la sexualité, mais vu sous l'aspect statistiques... Par exemple, d'après les statistiques, il est dit ici que ce serait les Indiens d'Amérique qui auraient le plus gros diamètre de pénis... Tandis que les Polonais seraient les hommes dont le sexe est le plus long... Pour ce qui est de l'activité sexuelle, ce sont les médecins qui sont censés avoir la vie sexuelle la plus active...
Le gars lui répond :
- Oh c'est réellement passionnant ! Mais au fait, permettez-moi de me présenter : Géronimo Kowalski, docteur en médecine.

Deux amis discutent :
- Tu vois, c'est bizarre la langue française. Tu as par exemple le mot chat qui a deux écritures possibles. Il y a le chas de l'aiguille qui s'écrit avec un S, c'est le trou dans lequel on enfile le fil et il y a le chat que tu caresses et qui s'écrit avec un T.
- Et le chat de la femme, cela s'écrit avec un S ou un T ?
- Cela dépend si on le caresse ou si on l'enfile !

Savez-vous que les préservatifs existent en trois tailles ?
- Petit, moyen et vantard !

Voici le journal intime d'une jeune femme,
consulté après ses vacances :

Vendredi :

Une folie m'a prise, je me suis acheté un billet pour une croisière d'une semaine en paquebot, nous partons demain !

Samedi :

Ça y est, nous avons embarqué sur ce magnifique navire, beau temps, mer calme.

Dimanche :

Fabuleux paysages ! Par ailleurs, le commandant m'a invitée à dîner à sa table et s'est montré très prévenant à mon égard.

Lundi :

Nouvelle invitation du commandant. Toujours aussi prévenant, mais j'ai un doute, il a voulu me faire visiter sa cabine.

Mardi :

Je n'ai plus de doutes quant à ses intentions libidineuses ! Il devient même de plus en plus pressant !

Mercredi :

Cet homme est obsédé ! Il m'a menacée de saborder le navire si je continuais de refuser ses avances.

Jeudi :

J'ai sauvé la vie de 300 personnes...

La secrétaire:

- Chef, j'ai une bonne et une mauvaise nouvelle.

Le chef :

- Eh bien, donnez-moi la bonne !

La secrétaire :

- Vous n'êtes pas stérile !

C'est un pauvre homme qui ne plaît pas trop aux femmes en raison de sa jambe de bois. Il voudrait bien se marier, mais son handicap accentue encore sa timidité.
Ses amis lui conseillent de ne rien révéler de son handicap aux filles qu'il fréquente, s'il veut avoir une chance de concrétiser un mariage.
Un beau jour, une chic fille tombe amoureuse de lui.
Suivant les conseils de ses amis, le gars cache son handicap jusqu'au dernier moment.
A tel point qu'au moment de la nuit de noces, la mariée n'est pas encore au courant.
Les voilà dans la chambre. Le gars qui a enlevé sa jambe de bois s'est glissé sous les draps et sa femme le rejoint.
Il lui dit :
- Chérie, j'ai une grosse surprise pour toi et ce disant, il prend sa main et la place sur son moignon...
- Hum, dit-elle en souriant, pour une grosse surprise, c'est une grosse surprise. Mais passe-moi donc la vaseline et je vais voir ce que je peux faire.

C'est un pauvre homme, très timide, qui travaille dans la même société que sa femme, et dont les collègues de travail savent que sa femme le trompe avec le chef de service.
Les collègues décident le pauvre homme d'aller faire un tour chez lui, à l'improviste, afin d'avoir la preuve de son infortune.
Il arrive chez lui, monte l'escalier sur la pointe des pieds, et devant sa porte d'entrée voit un parapluie. Il s'en empare et retourne aussitôt au bureau.
Ses collègues de bureau le voyant arriver s'attendent à apprendre qu'il a réglé cette offense comme il se doit et lui disent alors :
- Eh alors ? Tu lui as cassé la gueule ?
- Oh non ! Mais s'il pleut, vous allez voir la tête qu'il va faire !

Donnez-moi le temps utilisé dans les phrases qui suivent :
- Ma femme était enceinte... L'imparfait ...
Vous aviez trouvé bien sûr !
- Ma femme est enceinte... Le présent ... Bien joué !
- Ma femme sera enceinte... Le futur...
Non ! C'est l'imparfait du préservatif !

Dans un petit village de montagne, un homme prend sa voiture pour se rendre en ville, à 20 km de là, dans la vallée.
A la sortie du village, il aperçoit une jeune femme qui fait de l'auto-stop. Il s'arrête, la fait monter en voiture, et dit en redémarrant :
- C'est étonnant. Vous êtes la troisième femme enceinte que j'emmène en vallée cette semaine.
- Mais, monsieur, je ne suis pas enceinte !
- Attendez, on n'est pas encore arrivé en ville.

Un petit bonhomme fait un pari avec une femme corpulente : il est capable de la faire jouir vingt fois par jour, à condition que ce soit dans le noir et que chaque demi-heure, il sorte 2 minutes pour respirer.
La femme accepte, ils se couchent, et vers la quinzième fois, la femme n'en peut plus et demande d'arrêter.
Alors, elle allume la lumière et elle voit un type bien désagréable et mal rasé.
- Qui êtes-vous ? demande la femme, affolée. Et où est le petit bonhomme avec des lunettes ?
Et le type mal rasé lui répond :
- Celui qui vend les billets ?

Maman, papa et la petite fille de 10 ans s'en vont passer leurs vacances dans un camp de nudistes du sud de la France.
Le premier jour, la petite fille va au bord de la plage dans l'espoir de se faire des copains et des copines.
Lorsqu'elle revient un peu plus tard, elle dit à sa mère :
- Maman, maman, il y a des femmes sur la plage, elles ont des plus gros nénés que toi !
La maman lui répond :
- C'est vrai chérie, mais tu sais, plus les seins sont gros, moins il y en a dans la tête !
Le lendemain, la petite fille rentre de sa balade et dit :
- Maman, maman, il y a des hommes sur la plage, ils ont des plus gros kikis que papa !
Et la maman dit :
- Oui, c'est vrai aussi. Mais c'est comme pour les femmes, plus le kiki est gros, moins il y en a dans la tête !
La petite fille s'en va... puis revient en étant toute excitée pour dire :
- Maman, maman, papa est en train de parler à une femme qui a vraiment des gros nénés, et plus il parle, et moins il en a dans la tête !

Trois jeunes secrétaires discutent à la pause café des tours qu'elles ont déjà joués à leur patron.
- Moi, dit la première, j'ai découpé toutes les photos dans son Play-boy, il n'a jamais trouvé qui avait fait le coup !
- Ha ! Ha ! Ha ! Moi, dit la deuxième, j'ai trouvé des condoms dans son tiroir, et je les ai tous percés avec une épingle !
La troisième, elle, s'est évanouie !

En plein hiver, deux amoureux roulent en voiture quand tout à coup ils sont victimes d'une crevaison. Il fait moins 15 dehors et il y a de la neige partout.
Le garçon descend et se met au boulot. Mais pas de chance pour lui : il n'a pas de gants. C'est pourquoi, après avoir dévissé deux des écrous de la roue, il est obligé de rentrer dans la voiture pour se réchauffer.
Le voyant rentrer avec ses mains bleuies par le froid, sa copine lui dit :
- Mets tes mains entre mes jambes, ça les réchauffera très vite !
C'est ce que fait le gars... Et dix minutes plus tard, il est à nouveau dehors. Mais après avoir retiré les deux derniers écrous, il rentre à nouveau pour se faire réchauffer les mains, toujours de la même façon.
Il profite de l'aubaine une nouvelle fois, le temps de placer la roue de secours, puis il remonte en voiture, la roue remplacée et la voiture prête à repartir.
Au moment où il veut démarrer, sa copine lui dit :
- T'aurais pas froid aux oreilles par hasard ?

Trois femmes discutent :
- Moi mon mari, dit la première, quand il me fait l'amour, c'est comme une Ferrari, ça va à une vitesse affolante !
- Moi le mien, c'est comme une Rolls, il est vraiment très confortable, dit la seconde.
- Et bien moi, dit la troisième, mon mari c'est un vrai tacot, à chaque fois, il faut que je le démarre à la main !

C'est une petite fille qui va donner son sang au centre de transfusion. Elle entre et l'infirmière lui demande :
- Alors, ma petite, tu es venue donner ton sang ?
- Oui, madame.
L'infirmière lui fait la prise de sang, puis lui donne un petit sandwich au thon.
La petite en mangeant son casse-croûte regarde dans la pièce à côté. Elle y voit des hommes qui se bâfrent au milieu d'innombrables plats de charcuterie, de canapés et de pâtisseries.
- Madame, pourquoi eux y z'ont plein à manger et pas moi ?
- Tu vois, ma petite, eux ce sont des donneurs de sperme et comme ce n'est pas facile d'en avoir, on essaye de les attirer comme ça, tu comprends ?
- Oui, madame.
Deux semaines plus tard, la petite revient au centre.
- Alors ma petite, tu es revenue donner ton sang.
- Hum Hum (dit la petite en faisant non de la tête et en fermant bien la bouche).

Quelle est la durée de vie d'une moule ?
- 12 ou 13 ans, car après il y a des poils et cela s'appelle une chatte.

3 filles de 12, 13 et 14 ans jouent dans la cage d'escalier.
Celle de 12 ans voit une tache blanche par terre et dit :
- Oh, une tache de lait !
Celle de 13 ans s'agenouille, renifle et dit :
- Ce n'est pas du lait, c'est du sperme !
Celle de 14 ans s'agenouille, trempe son doigt, le lèche et dit :
- Et en plus, il n'est pas du quartier !

Quelle différence y a-t-il entre un homme qui va faire l'amour et un homme qui a fait l'amour ?
- Un homme qui va faire l'amour a le sang qui bout !
- Un homme qui a fait l'amour a le bout qui sent !

Le téléphone sonne à la compagnie d'électricité EDF.
Voix de femme :
- Allô, ce n'est plus possible ! Envoyez-moi un homme maintenant, cela fait quatre jours que je me sers d'une bougie.

Un gars regardant les deux superbes jambes d'une jolie femme :
- Quand je vois tes deux rails, j'ai bien envie de m'attarder dans la gare !

Ce sont deux jeunes adolescents amoureux,
un samedi soir dans une voiture.
Le jeune garçon, pas trop dégourdi est en train de masser
tout doucement le ventre de sa copine en lui disant :
- Je t'aime. Je t'aime. Je t'aime.
Après quelques minutes sans la moindre évolution,
la copine lui dit à l'oreille :
- Plus bas !
Et alors le garçon reprend son manège,
mais cette fois-ci en murmurant très bas :
- Je t'aime. Je t'aime. Je t'aime.

Le roi Arthur était sur le point de partir aux croisades.
Avant de partir, il va voir Merlin l'enchanteur, et il lui demande de lui fabriquer la meilleure ceinture de chasteté qui puisse exister.
Cela afin qu'aucun chevalier ne puisse attenter à la vertu de sa très belle femme Guenièvre, toujours en forme.
Le lendemain, Merlin revient avec une ceinture, qui contrairement à toutes les attentes du roi Arthur, possède un trou là où justement, il ne devrait pas y en avoir.
- Merlin, hurle le roi, tu te fous de moi ou quoi ?
- Observez, Sire, dit le magicien en montrant une petite guillotine à la lame tranchante comme un rasoir, elle se met à fonctionner dès que l'on introduit quelque chose par le trou.
- Excellent. Vraiment excellent ! répond le roi. Allez me chercher la reine, pour que nous l'installions dans sa culotte !
Trois années plus tard, Arthur est de retour des croisades.
En arrivant à Camelot, il convoque tous les chevaliers :
- Allez tout le monde ! Baissez votre pantalon, c'est la visite médicale !
Tous les chevaliers s'alignent devant le roi et baissent leur pantalon. Horreur et stupéfaction pour le roi, tous sont émasculés ! Tous sauf le fidèle Lancelot.
Arthur voyant que son fidèle ami ne l'a pas trahi va vers lui, le prend par les épaules et lui dit :
- Lancelot, je suis fier de toi. Alors qu'aucun des autres n'a résisté à la tentation de coucher avec la reine, toi seul as su maîtriser tes pulsions. Pour cela, je t'accorde ce que tu veux, fais ton choix. Dis-moi quel est ton désir et je le réaliserai.
Mais Lancelot ne put pas répondre...

Quelle est la différence entre une blonde et une moto ?
- La moto, c'est une Suzuki et la blonde, une suce kiki.

Trois copines discutent avant de sortir en boîte un samedi soir :
La première dit :
- Le soir, quand je rentre chez moi, je suis crevée. J'ai travaillé toute la journée comme une dingue. Alors, si je n'ai plus de dossiers en suspens, je peux dire que j'ai passé une bonne journée.
La deuxième dit :
- Une bonne journée pour moi, c'est une journée de travail cool et le soir dîner au resto et boîte de nuit jusqu'aux petites heures du matin.
La troisième :
- Pour moi, c'est encore plus simple que ça : je rentre chez moi le soir, j'enlève ma petite culotte et je la balance contre un mur : si elle reste collée, alors là, j'ai vraiment passé une bonne journée.

C'est un couple sans problème qui est en train de dormir. Il est près de 2 h du matin et ils sont plongés dans un profond sommeil. Ils sont en train de rêver, quand tout à coup la femme qui fait un cauchemar s'écrie :
- Ciel ! Mon mari !
Alors, son époux endormi, pris de panique, saute du lit et s'enferme dans le placard.

Un homme va consulter une voyante.
La voyante dit :
- Je vois... Je vois... Je vois que vous avez deux enfants.
L'homme répond :
- Ça, c'est ce que vous croyez ! J'ai trois enfants, madame !
Et la voyante lui rétorque :
- Ça, c'est ce que VOUS croyez !

Une conversation dans un bar, devant un petit blanc :
- Oh dis donc, ce matin ma femme m'a lancé un ultimatum, elle m'a dit : « Plus de sexe jusqu'à ce que tu arrêtes de fumer ! »
Et l'autre lui répond :
- Et tu penses tenir longtemps ?
- Bah, au moins jusqu'à ce que ma maîtresse meure.

Entre deux voyages d'affaires, un homme voulant "honorer sa femme" avant son nouveau départ, va à la pharmacie s'acheter un préservatif.
Parmi les préservatifs à l'unité, il avait le choix entre :
Préservatif vert : 20 cents chacun.
Préservatif noir : 50 cents chacun.
Préservatif blanc : 1 euro chacun.
Trouvant que 1 euro pour un préservatif, c'était trop cher et que 20 cents, ça ne devait pas être très efficace, il acheta le préservatif noir.
Mais durant la nuit, un petit problème technique se passe et la capote explose...
Alors 9 mois plus tard, un petit poupon fait son apparition. Mais stupeur générale : c'est un noir !
Enfin... ce sont des choses qui arrivent...
Alors 10 ans plus tard, le petit garçon s'en va voir son père et lui demande :
- Dis papa... Pourquoi ai-je la peau noire et toi la peau blanche ?
Philosophiquement, le père de répondre :
- Ah ! Tais-toi avec cette question stupide... car à 30 cents près, tu étais vert !

C'est une femme qui se plaint à sa copine d'enfance :
- Mon mari rentre à la maison tard toutes les nuits et je ne sais pas comment réagir pour changer cette situation.
Son amie lui dit :
- Je vais te donner un bon conseil, tu vas faire ce que j'ai fait avec mon mari : une fois qu'il ouvrait la porte de la chambre pour se coucher alors qu'il était plus de trois heures du matin, je lui ai dit : « C'est toi Jean-François ? »
Alors l'autre, incrédule demande :
- Et ça, ça a suffit pour le guérir de ses escapades nocturnes ?
- Oui, oui. Il faut dire qu'en fait il ne s'appelle pas Jean-François, il s'appelle Paul.

C'est un gars sur son lit de mort. Toute la famille est à son chevet : sa femme et les quatre enfants. Il y a trois garçons beaux, grands, robustes, et le quatrième tout rachitique et moche comme un pou.
Le mourant se tourne vers sa femme et lui demande dans un soupir :
- Chérie, avant que je meure, jure-moi que notre quatrième fils est bien de moi. Dis-moi la vérité, je veux le savoir avant de mourir. Je te pardonnerai de toute façon, mais je veux savoir !
Sa femme lui pose l'index sur les lèvres et le rassure :
- Chut. Bien sûr, mon chéri, qu'il est de toi. Je te le jure sur la tombe de ma mère !
Et l'homme s'éteint, heureux...
Alors sa femme murmure entre ses dents :
- Heureusement qu'il ne m'a pas demandé s'il était le père des trois autres...

Une petite fille entre à l'improviste dans la salle de bain alors que son père fait ses ablutions dans la baignoire.
Elle ressort aussitôt en criant à sa mère :
- Maman, maman, papa est en train de prendre son bain avec un gros serpent !
- Mais non, ma fille, il faut que je t'explique, ce n'est pas un serpent, ça fait partie de son corps, et s'il ne l'avait pas, tu ne serais pas là !
Et pour elle-même, elle rajoute :
- Et moi non plus .

Une dame se rend chez son pharmacien et demande un savon à la chlorophylle pour sa toilette intime.
Il n'y en a pas et le pharmacien lui propose d'en commander pour le lendemain.
- D'accord, dit-elle, mais c'est mon mari qui viendra le chercher.
- Et comment vais-je le reconnaître ? demande le pharmacien.
- C'est facile, dit la dame, il a une petite moustache verte.

- Mon père, raconte un lycéen, m'autorise désormais à utiliser sa voiture pour flirter avec mes petites amies. Et, dès que j'aurai mon permis, il me l'a bien promis, j'aurai le droit de quitter le garage.

Une jeune mariée raconte à sa mère :
- Tu sais que Pierre n'a qu'une passion dans la vie : son métier de garagiste. Alors, pour le mettre de bonne humeur, au cours de notre nuit de noces, j'ai eu l'idée de faire un gag qui l'a beaucoup fait rire.
- Lequel ?
- Je me suis collé sur le ventre un petit autocollant : « En rodage ».

- Tu es étincelante de bonheur, sur tes photos de mariage, dit une dame à sa fille. A quoi pensais-tu donc pour avoir un tel sourire ?
- A mon divorce !

Une dame confie à une amie :
- Cela fait un an que je dis à ma fille de ne pas fréquenter l'opticien qui habite en bas de chez nous.
- Et alors?
- J'avais raison, elle vient d'avoir des jumelles !

Un peintre dit à la superbe fille nue qui lui sert de modèle :
- Maintenant, je voudrais me concentrer sur vos yeux, pour donner de l'expression au visage. Alors, je vous en prie : pendant cinq minutes, cessez d'écarter les cuisses.

Après un hold-up dans une banque, le commissaire de police interroge le caissier :
- Vous me dites que vous n'avez absolument pas remarqué le visage de la femme qui vous a attaqué. Portait-elle un masque ?
- Non, monsieur le commissaire. Elle ne portait rien du tout... et comme elle avait relevé sa jupe...

A 40 ans, un bonhomme se découvre un penchant soudain pour les relations homosexuelles. Délaissant sa femme, cette dernière l'attaque en justice, le soupçonnant de s'être marié à un certain Henri.
Le jour où il comparaît devant le tribunal, l'accusé ne nie pas les faits, mais il apporte une précision qui met le juge dans l'embarras :
- J'aurais été bigame si Henri avait été ma "femme" si je puis dire. Au fait, c'est... moi qui tiens ce rôle.

Une charmante jeune femme téléphone à son médecin :
- Docteur, je suis venue chez vous, ce matin, pour que vous m'examiniez ... heu ... n'auriez-vous pas, après mon départ, trouvé ... heu ... comment dirais-je... une culotte en nylon rose ?
- Non, répond le médecin.
- Ah ! mon Dieu ! s'écrie la belle étourdie, alors j'ai dû l'oublier chez le dentiste.

Au cours d'une de ses tournées, un jeune veilleur de nuit a fait la connaissance d'une dame d'un certain âge qu'il entraîne dans un coin obscur pour l'embrasser en la serrant dans ses bras.
- Oh ! glousse-t-elle, alléchée, est-ce que je vous fais vraiment envie à ce point-là ... ou est-ce votre lampe torche ?

Le soir de la saint-Valentin, une femme se plaint à son mari :
- Tu ne m'aimes plus comme il y a 25 ans, le soir avant de te coucher, tu me caressais gentiment le menton.
- Oui, mais à l'époque, tu n'en avais qu'un.

Un homo est pris en stop par un routier. L'homo se met à draguer le routier qui se dit qu'après tout une petite expérience, ça ne se refuse pas.
Il arrête le camion et ils s'installent tous les deux sur la couchette à l'arrière. Le gay se déshabille et se met de l'huile partout sur le corps.
Le routier, un peu interloqué, demande :
- Qu'est-ce que tu fais ?
- Moi, je mets toujours de l'huile comme ça. Tu vas voir, c'est très excitant !
Sur ce, le routier, imperturbable, prend sa gourmette et se l'enroule autour du sexe.
Le gay, médusé, demande à son tour :
- Qu'est-ce que tu fais ?
- Chez nous les routiers, quand ça glisse, on met les chaînes...

Des amis jouent ensemble aux cartes. Dimitri fait tomber des cartes par terre et en se baissant pour les ramasser sous la table, il s'aperçoit que la copine de Luc, Isabelle, n'a pas de culotte ! Surpris, il se cogne la tête et ressort tout rouge.
Un peu plus tard quand il va à la cuisine pour préparer des rafraîchissements, la jolie Isabelle le suit et lui demande :
- As-tu vu quelque chose qui te plaisait sous la table ?
Dimitri répond :
-Oh oui !
Elle fait un clin d'œil, sourit et dit :
- Tu peux me prendre pour 25 euros.
Immédiatement, Dimitri dit qu'il est très intéressé.
Comme son copain Luc travaille les vendredis après-midi et que Dimitri lui ne travaille pas, ils prennent donc rendez-vous chez elle le vendredi vers 14h00.
Comme convenu, Dimitri se présente et remet les 25 euros à Isabelle.
Ils vont dans la chambre et font l'amour dans toutes les positions pendant 2 heures.
Après le départ de Dimitri, Luc rentre et demande :
- Est-ce que Dimitri est venu cet après-midi ?
Eberluée, Isabelle répond :
- Oui, il est venu quelques minutes.
- Et est-ce qu'il t'a donné 25 euros ?
Elle pense :
- Zut, il est au courant !
A regret, elle dit :
- Oui, il m'a donné 25 euros.
- Très bien, dit Luc, Dimitri est passé au chantier ce matin et m'a emprunté 25 euros. Il a dit qu'il passerait chez nous pour me les rendre. C'est super d'avoir des amis honnêtes !

Comment dit-on 69 en Japonais?
- Kisusski.

Un homme, c'est comme un four à gaz, il monte vite en température et quand le plat est cuit, il s'arrête instantanément.
Une femme, c'est comme un four électrique, elle monte doucement en température et quand le plat est cuit, elle redescend aussi lentement.

Quelle est la différence entre les seins d'une femme et un train électrique ?
- Aucune, c'est fait pour les enfants et c'est papa qui joue avec.

Deux petites filles discutent :
- Moi, je sais comment on fait les bébés !
- Eh ben moi, je sais comment on ne les fait pas !

Comment appelle-t-on une fille qui a décidé de ne coucher avec personne avant le mariage ?
- Pourquoi voulez-vous l'appeler ?

C'est samedi après-midi et les parents de Toto ont une sacrée envie de baiser. Malheureusement pour eux, Toto est dans l'appartement et comme il risque de pleuvoir, les parents préfèrent qu'il ne sorte pas.
- Toto, pourquoi n'irais-tu pas sur le balcon. Comme ça tu nous raconteras tout ce qui se passe en bas !
Toto va sur le balcon et commence son observation. Pendant ce temps, les parents passent aux choses sérieuses.
- Il y a une voiture qui se fait remorquer par une dépanneuse dans le parking... Tiens, une ambulance vient de passer à toute vitesse... Il y a des gens qui rendent visite aux voisins d'à côté... Lili fait du vélo sur le trottoir...
Les Martin sont en train de baiser...
- Et comment sais-tu cela Toto?
- Parce que leur fils est sur le balcon aussi.

Une nuit, alors qu'un jeune couple est étendu dans son lit, le mari touche doucement l'épaule de sa chère et tendre, et entreprend de lui caresser le bras. Le message est clair.
L'épouse se retourne et dit :
- Désolée, mon amour, mais j'ai rendez-vous demain matin chez le gynéco, alors je tiens à rester... fraîche.
Rejeté, mais jouant les grands compréhensifs, le mari se tourne de son côté et essaie de dormir.
En vain. Après quelques minutes, il se tourne à nouveau vers sa femme, et lui murmure à l'oreille :
- Dis donc... je ne pense pas que tu aies AUSSI un rendez-vous chez ton dentiste demain.

Comment dit-on 69 en Arabe?
- Tatoufh Métoufh.

C'est une maman dont les trois filles, en âge de se marier, travaillent dans la pub.
Le hasard fait que les 3 filles trouvent un mari et décident de se marier au même moment.
Par jeu, la maman demande à ses filles de lui décrire comment se passe la lune de miel en utilisant des slogans publicitaires.
Quelques jours après le mariage, la maman reçoit une lettre de l'aînée. Sur cette lettre, un seul mot :
" Petit Pimousse ".
La mère se dit alors en elle-même : " Petit Pimousse, petit mais costaud ". Et elle sourit.
Le jour suivant, c'est un message de la cadette qui lui arrive par la poste. Sur la lettre, un seul mot :
" Renault Clio ".
Et la mère se dit en elle-même : " Clio, elle a tout d'une grande ". Et elle sourit.
Enfin, le lendemain, arrive le message de la benjamine. Sur la lettre, la seule chose écrite est :
" British Airways ".
La maman ne connaît pas le slogan de cette compagnie aérienne. Alors elle recherche dans des magazines et elle finit par lire : " British Airways, 4 fois par jour, 7 jours sur 7, dans les deux sens ".

Quelle est la ressemblance entre une femme et une place de parking?
- Les bonnes sont toujours prises.

Une dame arrive au confessionnal, intimidée.
La dame :
- Monsieur le Curé, j'ai fait un gros péché...
Le curé :
- Eh bien, ma fille, je vous écoute, n'ayez pas peur de tout me dire.
La dame :
- Eh bien, monsieur le Curé, j'ai fait l'amour avec mon mari.
Le curé :
- Euh, ma foi, ça me parait assez normal. Il n'y a pas de péché là-dedans...
La dame :
- Ben oui, d'accord, mais ça s'est passé d'une manière un peu spéciale. J'étais penchée sur le congélateur pour prendre une boîte de légumes surgelés, et mon mari s'est approché par derrière. Il n'a pas pu résister, il m'a soulevé la jupe et...
Le curé :
- Evidemment, ce n'est pas très élégant. Mais enfin, c'est votre mari. Si vous étiez d'accord, je ne vois pas là grand péché.
La dame :
- C'est vrai, monsieur le Curé ? Je n'ai pas commis de grand péché ? Je peux continuer à aller à l'église ?
Le curé, souriant :
- Mais bien sûr, ma fille, il n'y a pas de problèmes !
La dame :
- Je peux continuer à aller à la communion ?
Le curé, riant :
- Mais bien sûr, pourquoi pas ?
La dame :
Ah, merci monsieur le Curé; vous êtes plus tolérant qu'on ne le pense : l'Eglise a fait pas mal de progrès depuis quelques années. Parce que ... au magasin Casino où ça s'est passé, la direction ne veut plus nous voir...

Une femme part sans son mari en vacances aux Caraïbes.
A peine arrivée, elle fait la connaissance d'un noir très costaud, et après une nuit d'amour torride, elle lui demande :
- Comment t'appelles-tu ?
- Je ne peux pas te le dire, répond le noir.
Tous les soirs, ils se revoient, refont l'amour, et la femme pose toujours la même question, le noir donne toujours la même réponse.
Un soir la femme dit :
- C'est mon dernier jour, je rentre demain chez moi, tu pourrais bien me dire comment tu t'appelles.
- Je ne peux pas, tu vas te moquer de moi, répond le noir.
- Mais non, il n'y a pas de raison, insiste la femme.
- Bien, je m'appelle Neige, dit le noir.
Et la femme est prise d'un fou rire terrible.
Le noir en colère lui dit :
- Je savais bien que tu te moquerais de moi.
La femme lui répond :
- C'est mon mari qui ne me croira jamais quand je lui dirai que j'ai eu 30 cm de neige tous les jours aux Caraïbes.

Une vieille dame se fait braquer dans une allée. Elle crie :
- Mais laissez-moi, je n'ai pas d'argent sur moi !
Le voleur insiste et commence à la fouiller "au corps" et pense trouver de l'argent dans le soutien-gorge...
Pendant que le bandit la palpe consciencieusement, la vieille femme lui dit :
- Je vous ai dit que je n'avais pas d'argent liquide sur moi, mais si vous continuez à faire ça, je vous fais un chèque tout de suite.

Ce sont deux blondes qui jouent aux échecs :
L'une d'entre elle demande à l'autre :
- Tu as les règles en tête ?
L'autre répond :
- Pourquoi ? Je saigne du nez ?

Quel est le comble pour un footballeur ?
- C'est de trouver sa femme avec un ballon sans savoir d'où vient la passe !

Un homme et une femme sont dans une voiture, et après s'être embrassés et en être arrivés au flirt poussé, ils passent au rapport sexuel proprement dit. C'est l'hiver et les vitres sont complètement embuées.
Un gendarme passe par là et voit une voiture aux vitres opaques qui oscille rythmiquement. Il tape à la vitre, et l'homme baisse la vitre.
Le gendarme dit :
- Que faites-vous, Monsieur ?
L'homme, un peu gêné, répond :
- Euh!... l'amour.
- Mais c'est interdit de faire ça sur la voie publique. Vous allez devoir payer une amende de 75 euros, fulmine l'agent.
La femme se met alors à protester :
- Mais c'est scandaleux, c'est un pays libre...
Surpris, le gendarme rétorque :
- Ah, vous êtes deux ! Alors c'est 150 euros !

Le démarcheur d'une compagnie d'assurances sonne à la porte d'un appartement. Une jeune femme ravissante et en petite tenue ouvre.
Le vendeur tout troublé lui dit :
- Mademoiselle, je venais vous vendre une assurance qui vous couvrirait complètement, mais à la réflexion, ce serait vraiment dommage !

Les femmes, c'est comme les pommes de terre, elles sont meilleures sautées.

Un monsieur distingué monte dans une chambre avec une dame de petite vertu quelque part du côté de la rue Saint-Denis à Paris. Après les préliminaires qui consistent en la toilette intime du monsieur, la dame se déshabille et là, ô surprise, le pubis de la dame se révèle lisse, zéro poil...
Déçu, le monsieur demande:
- Mais vous n'avez pas de poils, là?
Et elle lui répond :
- Tu as déjà vu de l'herbe sur une autoroute?

Comment les hommes font-ils de l'exercice à la plage ?
- En rentrant leur ventre à chaque fois qu'ils voient passer une gonzesse.

Pourquoi les hommes n'ont-ils pas de règles ?
- A quoi cela leur servirait-il ? Ils sont en permanence de mauvaise humeur !

Quelle est la différence entre la grammaire et un divorce ?
- En grammaire, c'est le masculin qui l'emporte.

Qu'est-ce qui a 2 seins et 13 couilles ?
- Blanche Neige et les 7 nains...
- Pourquoi 13 ?
- Vous ne seriez pas grincheux si vous n'en aviez qu'une ?

Un psychiatre montre quelques dessins à un patient en visite chez lui.
Le premier dessin est un rectangle blanc.
- Que voyez-vous ?
- Un lit avec une femme nue et un homme qui la prend.
- Bien, et ici (il lui montre un cercle).
- Un sexe turgescent .
- Mais vous êtes complètement obsédé, mon vieux !
- Mais c'est vous qui dessinez des cochonneries !

Un homme et une femme se retrouvent au chômage.
- Ecoute chérie ! dit le mari. A partir de demain, on va vivre d'amour et d'eau fraîche !
Le soir du lendemain, il rentre et voit sa femme qui descend l'escalier en glissant sur la rampe.
- Mais qu'est-ce que tu fais ?
- Chéri, je fais chauffer le dîner !

Quelle différence entre une blonde et une Ferrari ?
- Tu ne prêterais jamais ta Ferrari !

C'est une jeune femme qui n'en peut plus d'être déçue par la vie et qui s'apprête à se jeter à l'eau du haut d'un pont.
Mais tout à coup arrive un gars avec une barbe blanche qui lui dit :
- Stop, malheureuse ! Qu'alliez-vous faire là, je suis le Père Noël, je vais tout arranger dans votre vie, mais il faut que vous fassiez l'amour avec moi !
La femme, sceptique se dit qu'après tout c'est sa dernière chance.
Elle accepte, et elle commence à reprendre courage au fur et à mesure qu'il lui fait l'amour.
A la fin, elle lui demande :
- Voilà Père Noël : je voudrais un mari, des enfants et une jolie maison !
- Quel âge as-tu ma petite ?
- 25 ans.
- Et à 25 ans, tu crois encore au Père Noël ?

Deux gars discutent :
- Tu as combien de frères et sœurs ?
- 22.
- 22 ! C'était un chaud lapin ton père !
- Non, mais il avait un tic !

C'est une dame qui achète un perroquet d'occasion à la tenancière d'une maison close. Au moment où la dame l'achète, le perroquet dit :
- Tiens ! La patronne a changé !
Elle le ramène chez elle, et ses deux filles rentrent de l'école.
- Tiens ! Les filles aussi ont changé !
Et le mari rentre pour dîner.
- Ah ! Enfin quelqu'un qui n'a pas changé !

C'est un gars sur la plage, il ne comprend pas pourquoi il n'intéresse aucune fille, alors que son copain a un succès fou.
Son ami lui explique :
- J'ai un truc : je mets une pomme de terre dans mon slip, elles adorent ça !
Alors, l'homme suit le conseil de son copain et en fait autant, mais alors qu'avant les filles se contentaient d'être indifférentes, maintenant elles partent en courant.
Alors le copain le rattrape et lui souffle à l'oreille :
- De l'autre côté du maillot la patate !

C'est le curé du village voisin qui descend en ville pour présenter ses vœux à la mère supérieure du couvent Sainte-Marie.
En passant dans la rue, il entend une femme en tenue suggestive accoster un passant par un :
- 15 euros la turlutte, mon beau, ça te dit ?
Et le curé constate alors que la femme et le passant s'engouffrent dans une petite ruelle et disparaissent.
Le curé est perplexe. Il veut en savoir un peu plus et se poste en embuscade dans ce quartier.
Il entend à peu près toujours la même proposition faite par des dames aux passants de sexe
masculin :
- 15 euros pour une turlutte !
Mais il ne peut en savoir plus car même si le passant est intéressé par la proposition de la dame, le passant et la dame disparaissent toujours de sa vue.
Finalement, le curé abandonne et poursuit sa marche jusqu'au couvent.
Là, il présente ses vœux à la Mère supérieure et en profite pour en savoir un peu plus à propos de la turlutte. Il lui demande :
- Dites-moi un peu ma mère, une turlutte, qu'est-ce que c'est ?
- Une turlutte ? C'est 15 euros, comme en ville !

A la campagne, Léon dit à Ginette :
- Ginette, si on baisait comme au bon vieux temps, contre la barrière du père François ?
- Oh oui, mon Robert, allons-y !
Ils y vont, et Robert commence à prendre Ginette contre la barrière, et Ginette se débat comme une folle en hurlant.
- Oh là là Ginette ! Tu es encore plus vivace que quand nous avions 20 ans !
- Oui, mais quand nous avions 20 ans, la barrière n'était pas électrifiée !

Un petit garçon et une petite fille sont devant la porte de la chambre de leurs parents. Le petit garçon regarde par le trou de la serrure et dit à la petite fille :
- Je ne comprends pas, c'est maman qui suce quelque chose, et c'est papa qui dit que c'est bon...

Le jour de leurs trente ans de mariage, un homme offre à sa femme une superbe soirée. Comme ils ne sortent jamais, le femme est toute contente, jusqu'au moment où ils arrivent dans une superbe boîte de nuit avec spectacle de strip-tease.
Le portier les reçoit chaleureusement :
- Bonjour, monsieur Martin. Vous allez bien ? La meilleure table pour monsieur Martin !
- Eh bien chéri, on a l'air de te connaître par ici !
- Euh non, non ce sont des clients, un hasard !
- Mais la strip-teaseuse se déshabille, et elle fait tourner sa petite culotte autour de sa tête et elle demande à l'assemblée :
- C'est pour qui ma petite culotte ?
Tous les clients :
- Pour Martin, pour Martin !
La femme de monsieur Martin :
- Tu vois bien que tu te moques de moi, tu viens ici tous les soirs, tu n'es qu'un salaud, je veux partir !
Sur ce, ils commandent un taxi pour rentrer à la maison, et dans le taxi :
- Tu es une ordure, un salaud ! Salaud ! Enfoiré, moi qui t'aimais tant !
Le chauffeur de taxi :
- Dites monsieur Martin, on en a ramené des chichiteuses, des calamiteuses, des putes, ensemble, mais des ennuyeuses comme celle-là, jamais !

Ce sont deux lesbiennes vampires qui sont sur le point de se quitter :
- Bon ben salut, à dans vingt-huit jours...

C'est une jeune fille qui sait que son fiancé est un fan absolu de Brigitte Bardot. Pour son anniversaire, elle a décidé de se faire tatouer sur ses fesses à elle BB, avec un B sur chaque fesse, et d'attendre de faire l'amour avec lui, le soir, pour qu'il constate son cadeau.
Le soir venu :
- Chéri, j'ai envie que tu me prennes en levrette, et elle se met en position.
Le garçon qui voit le tatouage, lui demande :
- C'est qui BOB ?

C'est une femme qui va voir le sexologue et qui se plaint que son mari a perdu un peu de sa vigueur sexuelle.
Le médecin lui prescrit trois gouttes d'un aphrodisiaque très puissant qu'il faut lui mettre dans l'apéritif. Pour faire bonne mesure, l'épouse lui verse toute la bouteille dans son kir.
Le lendemain, elle retourne chez le médecin, des cernes sous les yeux à faire peur.
- Eh bien, vous avez la tête de quelqu'un qui ne s'est pas ennuyé cette nuit !
- Oh docteur, merci, c'était inoubliable, mon mari m'a fait l'amour quinze fois ! Le seul hic, c'est qu'on ne pourra plus aller dans ce restaurant.

C'est une jeune fille qui va rechercher sa voiture au troisième sous-sol d'un parking glauque de banlieue à trois heures du matin.
Un garçon peu recommandable l'accoste, lui arrache ses vêtements, la viole, et quand il se rhabille, il dit à la fille :
- Si tu parles à la police, tu es morte !
- Non, monsieur, je ne dirai à personne que vous m'avez violée deux fois !
- Deux fois ? Mais je ne t'ai violée qu'une fois !
- Oui, mais vous avez encore bien 5 minutes !

Au Brésil, il n'y a que des putes et des footballeurs ! dit Marcel à son ami Paul.
- Je te rappelle que ma femme est brésilienne ! rétorque Paul.
- Aahh.. Euuuh, et elle joue dans quelle équipe ? lui demande alors Marcel.

C'est une secrétaire qui sort des toilettes avec un tampax sur l'oreille, et sa copine le lui fait remarquer.
Alors elle répond :
- Ah zut ! Où ai-je mis mon stylo ?

C'est un petit garçon et une petite fille qui jouent au docteur. Le petit garçon dit à la petite fille :
- Regarde, je te mets un doigt dans le nombril !
- Ce n'est pas mon nombril !
- Ce n'est pas mon doigt non plus !

Ce sont deux vieilles paysannes qui ramassent des patates. Soudain, l'une d'elles saisit deux grosses patates pleines de terre et dit à l'autre :
- Vingt dieux, elles sont comme les couilles de mon Victor !
Alors l'autre répond :
- Aussi grosses !
- Non, aussi sales !

C'est un gars qui rentre chez lui et qui trouve sa femme nue sur le radiateur.
- Mais ? Chérie, qu'est-ce que tu fais là dans cette tenue ?
- Ben le propriétaire est venu...
- Et alors ?
- On n'a pas payé le loyer depuis 6 mois...
- Et alors ?
- Ben je fais sécher la quittance !

Une femme va chez le gynécologue.
- Bonne nouvelle : vous attendez un enfant !
- Quoi ! Mais j'en ai déjà six !
- Vous n'avez qu'à dire à votre mari de faire attention !
- Il fait attention, lui. Mais ce sont les autres !

Quelle différence y a-t-il entre le pastis et une femme ?
- Le pastis se trouble quand on le mouille, la femme mouille quand on la trouble !

Quelle est la différence entre une femme enceinte et une tarte brûlée ?
- Aucune, dans les deux cas, on ne l'a pas retirée assez vite !

Règle des "M.M.S." ou la sexualité chez l'être humain :
A 16 ans, ça veut dire : Maman Me Surveille.
A 20 ans, c'était Matin, Midi et Soir.
A 40 ans, Mardi, Mercredi et Samedi.
A 60 ans, Mars, Mai, Septembre.
A 80 ans, Mes Meilleurs Souvenirs.

Une vieille femme très riche qui a déjà subi plusieurs opérations de chirurgie esthétique se rend chez son chirurgien pour lui demander s'il n'existerait pas quelque chose qui lui permettrait de ne plus avoir recours à ces liftings à répétition...
Celui-ci lui explique :
- Mais oui, j'ai ce qu'il vous faut : il s'agit d'une sorte de molette que l'on installe sur le haut de la tête. Dès que vous constatez l'apparition d'une ride, il suffit de pousser un petit cran et hop, la ride disparaît. La dame lui répond qu'elle est d'accord pour installer le gadget. Elle rentre en clinique pour la dernière fois. Le docteur pratique l'opération, puis après quelques jours, il la renvoie chez elle en lui demandant de revenir 6 mois plus tard pour contrôle.
Après deux mois seulement, la vieille dame se présente à une consultation du chirurgien pour se plaindre de poches sous les yeux.
Celui-ci s'étonne :
- Madame, ce ne sont pas des poches que vous avez sous les yeux, ce sont vos seins ! Et si vous n'arrêtez pas tout de suite de pousser des crans à votre machine, vous aurez bientôt de la barbe !

C'est un gynéco qui commence tout juste à pratiquer en clientèle.
Une de ses premières patientes est très belle.
Alors le jeune gynéco, une fois la jeune dame sur sa table de consultation, oublie un peu son éthique médicale.
Comme il caresse les cuisses de sa patiente, il lui demande :
- Vous savez ce que je suis en train de faire ?
- Oui, vous vérifiez s'il n'y a pas de lésions sur ma peau.
- C'est ça, c'est ça !
Il se met alors à lui peloter les seins :
- Et maintenant, vous savez ce que je suis en train de faire ?
- Oui, vous recherchez une possible tumeur mammaire.
- Exactement !
De plus en plus excité, il place les mollets de sa patiente sur les étriers, il baisse son pantalon et la pénètre :
- Et là, vous sentez ce que je suis en train de faire ?
- Oh oui, très très bien. Là, vous êtes en train d'attraper un herpès !

Un gars va voir le médecin :
- J'ai d'abominables maux de tête, des migraines terribles...
A la fin d'une interminable série d'examens, le médecin conclut :
- Vous faites de la répression sexuelle. Le seul remède pour vos migraines, c'est la castration !
Après une intense réflexion, notre gars, toujours aux prises avec ses maux de tête infernaux, accepte l'opération.
Mais maintenant il déprime, et pour se remonter le moral il va s'acheter de nouvelles fringues. Il apporte une paire de jeans à la caisse. La caissière jette un coup d'œil sur l'étiquette des jeans, regarde le bonhomme et demande :
- Vous êtes certain d'avoir pris la bonne taille, monsieur ?
- Oui. D'ailleurs, je prends toujours la même taille.
- C'est vous que ça regarde, mais avec des jeans aussi serrés, vous allez avoir d'affreuses migraines !

Un couple consulte un sexologue :
- Docteur, nous aimerions savoir si nous nous y prenons bien pour faire l'amour. Pourriez-vous nous regarder faire afin de nous rassurer ?
Le docteur, stupéfait, mais intéressé est d'accord.
Alors ils grimpent tous les deux sur la table d'examen, adoptent la position du missionnaire et font l'amour.
Lorsqu'ils ont fini, le docteur leur dit :
- Pas de problème : votre façon de faire l'amour est tout à fait correcte. Cela vous fera 30 euros.
Le lendemain, les deux jeunes gens reviennent. Ils demandent au médecin la même chose que la veille. Le médecin étant toujours d'accord, les amoureux prennent à nouveau position sur la table d'examen. Cette fois-ci, le jeune garçon prend la jeune femme d'une autre façon.
Et les jours suivants, le jeune couple revient faire l'amour dans le cabinet du médecin, en adoptant à chaque fois une nouvelle position.
Le cinquième jour, le docteur leur demande :
- Pourquoi continuez-vous à venir ? Ce n'est pas que le spectacle que vous me procurez chaque jour me déplaise, mais il est clair que vous maîtrisez parfaitement les choses de l'amour.
Le jeune homme explique alors :
- C'est que la consultation coûte le même prix qu'une chambre à l'hôtel, mais la consultation est remboursée par la sécurité sociale !

Deux femmes d'âge mûr prennent le thé :
- Mon mari est impuissant à 100 % !
- Moi, le mien l'est a 200 % !
- Mais c'est impossible !
- Mais si, hier soir il s'est coupé la langue !

C'est l'histoire d'un gynécologue qui est devenu millionnaire. Il a attrapé la maladie de Parkinson.

C'est une fille qui sort avec un garçon pour la première fois. Elle lui dit :
- Tu sais, ma mère m'a fait jurer de répondre "non" à toutes tes demandes !
- Ah... Dans ce cas... cela te dérange si on baise ?

C'est un vieux monsieur qui épouse une toute jeune fille à peine sortie de l'adolescence.
Inutile de dire que la fille est en bonne santé côté sexe. Aussi, le soir de la noce, elle demande :
- Alors, on va se prendre une bonne dose de sexe, ce soir ?
Le vieil homme répond en levant la main et en lui montrant ses cinq doigts tendus :
- Quoi ? Cinq fois ? Je veux voir ça !
- Non, non. Choisis un doigt seulement !

Une petite fille demande à sa mère :
- Maman, maman, pourquoi je n'ai pas cette grosse chose comme papa a entre les jambes ?
Sa maman lui répond :
- T'en auras autant que tu veux quand tu seras plus grande, ma chérie !

L'élève à son maître zen :
- Maître, quelle différence y a-t-il entre une perle et une femme ?
- La perle peut s'enfiler par les deux bouts.
- Mais maître, ma femme aussi parfois !
- Alors, c'est une perle !

Toto demande à sa mère :
- Est-ce que les dindes ont des seins ?
- Non !
- Ben pourtant, papa a dit à la femme de ménage qu'elle avait des plus beaux seins que sa dinde !

Pourquoi l'artichaut est-il le légume le plus maso ?
- Parce qu'on lui coupe la queue et qu'on lui arrache les poils avant de le bouffer !

Comment peut-on savoir qu'une femme en minijupe ne porte pas de culotte ?
- Il y a des pellicules sur les chaussures !

Une dame se plaint à une amie :
- Depuis que je n'ai plus d'utérus, mon mari me délaisse !
- Ah? Et si tu lui faisais du thé de Chine ?

Sur le trajet, une petite fille n'arrête pas
d'importuner sa grand-maman :
- Dis grand-mère, tu me montres ton petit lapin ?
- Non non. Laisse-moi tranquille. Ce ne sont pas
des choses que montrent les grandes personnes.
- Allez grand-mère, montre-moi ton petit lapin !
Finalement, au bout d'un moment, la grand-mère cède,
lève sa jupe de paysanne et montre son sexe à la petite fille.
- Pouah, il n'est pas beau et il est tout ridé, ton petit lapin !
- Ouais, ben on verra la tête du tien quand il aura mangé
autant de carottes que le mien !

Quelle est la différence entre un poulet rôti et une fille bronzée ?
- Aucune. Dans les deux cas, c'est le blanc le meilleur !

Une femme jalouse fait irruption dans le bureau de son mari et trouve la secrétaire sur ses genoux.
Imperturbable, le mari, s'adresse à la secrétaire :
- Après la formule de politesse d'usage, veuillez rappeler au PDG que nous n'avons toujours qu'une seule chaise pour travailler à deux dans ce bureau... ce qui n'est pas supportable !

Pourquoi appelle-t-on un vagin l'enfer ?
- Parce que satan l'habite.

Quelle est la ressemblance entre un curé et un sapin de Noël ?
- Dans les deux cas, les boules ne servent qu'à la décoration.

Qu'est ce qu'une Partouze ?
- C'est l'Amour avec un grand TAS.

Deux fillettes jouent dans un parc avec leur poupée.
- Où as-tu acheté ta poupée ?
- Chez Carrefour, maman l'a payée 30 euros. Et toi ?
- Maman l'a payée 45 euros chez Auchan.
Un dame, assise à côté, embrasse son bébé et a tout entendu de la conversation.
Les deux fillettes demandent alors à la dame :
- Et toi, où as-tu acheté ton bébé ?
- A l'hôpital, je l'ai payé 1.500 euros !
Une fois la dame partie, une des petites filles dit à l'autre :
- Celle-là, à ce prix-là, elle s'est fait baiser !

C'est un morceau de sucre qui est amoureux d'une petite cuiller, il l'appelle pour lui demander un rendez-vous.
Elle lui dit :
- Oui bien sûr, dans un café !

Pourquoi les vaches font-elles une drôle de gueule ?
- Parce que ce n'est pas très drôle de se faire tirer sur les seins deux fois par jour et de se faire baiser une seule fois par an !

- Peux-tu me donner 2 monnaies étrangères ?
- Disons... Le dollar et le mark.
- Peux-tu me donner 2 moyens contraceptifs ?
- Euh... le préservatif et la pilule.
- Peux-tu me citer deux fleuves d'Islande ?
- Je ne sais pas...
- Alors, à part le cul et le fric, il n'y a rien qui t'intéresse !

Comment les adolescentes allument-elles la lumière après l'amour ?
- En ouvrant la portière de la voiture !

C'est un gars un peu rustre qui aborde une nana dans une boîte de nuit :
- Tu baises ?
- Tu me prends pour une pute ?
- Qui te parles de payer ?

Quelle est la différence entre 365 préservatifs et un pneu de F1 ?
- Aucune, it's a GOODYEAR !

Quelle est la meilleure presse hydraulique du monde ?
- C'est la femme, car elle tire le jus sans écraser les prunes !

Qu'est-ce qui a 132 dents et qui garde un monstre ?
- Ma braguette !

Des jeunes mariés se dirigent en voiture vers la maison où ils vont passer leur nuit de noces. La femme a déjà demandé plusieurs fois à son mari :
- Dis chéri, c'est quoi un pénis ?
Le mari, un peu fier devant l'innocence de sa femme, lui répond chaque fois :
- Hé, hé chérie, patience...
Une fois dans la chambre, le mari se déshabille, appelle sa femme et lui dit en montrant son zizi :
- Tu vois chérie, c'est ça un pénis !
Celle-ci répond :
- Ah, c'est ça ! C'est comme une bite, mais en plus petit !

C'est trois gars qui discutent :
- Moi, avec ma femme, c'est pas folichon, c'est une fois par mois !
- Ah ouais ? tu as de la chance, moi c'est une fois par trimestre !
Et le troisième gars, la mine réjouie et satisfaite :
- Moi, c'est une fois par an !
- Et ça te met de bonne humeur à ce point-là ?
- Oui, c'est ce soir !

Ariane a déjà été tirée 21 fois et elle sera désormais tirée tous les deux mois.
Je connais des femmes qui ne peuvent pas en dire autant.

Au cours d'une réception, la maîtresse de maison dit gentiment à un des invités :
- Je ne vous offre pas d'apéritif, je crois que vous êtes membre d'une ligue antialcoolique.
- Mais non, proteste le monsieur, je suis membre d'une ligue contre les relations extraconjugales.
- Ah, oui ! Je savais bien qu'il y avait quelque chose que je ne devais pas vous offrir.

Vêtue d'une robe vaporeuse et ultracourte, une jeune fille s'apprête à aller à une surprise-partie...
Sa mère la regarde et lui dit :
- Ma chérie, on voit toute ta poitrine à travers la mousseline. Tu n'as pas de soutien-gorge?
A ce moment-là, la demoiselle se baisse pour ajuster ses escarpins.
- Mais tu n'as pas mis de culotte non plus ! s'écrie la mère.
- Maman, fait la jeune fille d'un ton navré. Quand tu vas au concert, tu ne mets pas de boules Quies !

Quelle est la différence entre une pute et un flipper ?
- Pour le flipper, tu mets l'argent dans la fente et tu joues avec les mains. Chez la pute, tu mets l'argent dans la main et tu joues avec la fente.

Quelle est la différence entre un professeur qui part en retraite et un tampax ?
- Aucune, ils quittent tous les deux le corps enseignant !

Un petit garçon prend son bain avec sa mère et lui demande :
- C'est quoi ça ? en lui montrant l'entrejambe (celui de sa mère évidemment).
Et la mère un peu embêtée de répondre :
- Eh bien ... tu vois ... ça ... c'est le paradis.
Quelque temps plus tard, le même petit garçon prend son bain avec son père et lui demande :
- C'est quoi ça ? de la même manière que précédemment.
Et le père qui a entendu parler de la première discussion répond fort à propos :
- C'est la clef du paradis !
Un peu plus tard, toujours le même petit garçon rentre à la maison complètement affolé en criant :
- Papa, papa, le voisin, il a un passe !

Une dame entre dans une boutique. Elle demande à une employée :
- Puis-je essayer le soutien-gorge dans la vitrine s'il vous plaît ?
L'employée répond :
- Mais madame, voyons, il y a des salons d'essayage pour ce genre de choses !

C'est un ver de terre qui voit un bourgeon et qui se dit :
- Si j'attends qu'il pleuve, le bourgeon grossira et je mangerai plus !
Sur la branche au-dessus, un moineau voit le ver de terre et se dit :
- Si j'attends que le bourgeon grossisse, le ver sera plus gros et je ne me régalerai plus !
Sur la branche au-dessus, un merle se dit :
- Si j'attends que le bourgeon grossisse etc.
En bas, une chatte passe, elle voit le merle et se dit :
- Si j'attends qu'il pleuve, le ver sera plus gros, le moineau aussi et le merle aussi et je me régalerai...
Alors il se met à pleuvoir, la chatte monte pour attraper le merle, mais une branche casse et la chatte tombe dans une flaque d'eau.
Morale de l'histoire : plus les préliminaires sont longs, plus la chatte est mouillée.

Tu connais l'histoire du mec qui a une zigounette minuscule, mais qui a 24 enfants.
- Elle est courte, mais elle est bonne !

Quel est le comble du gynécologue ?
- C'est d'être le seul à travailler là où les autres s'amusent !

Quel est le comble de la déshydratation ?
- Ejaculer en poudre !

Savez-vous pourquoi les hommes se croient intelligents lorsqu'ils font l'amour à une femme ?
- Car ils sont branchés directement dans un génie.

A l'église, une dame âgée, un peu sourde, est assise à côté d'un petit garçon malicieux.
Après un sermon moralisateur, le curé demande :
- Levez la main ceux et celles qui ont déjà commis l'adultère.
La dame âgée qui n'a pas bien entendu demande au petit garçon de lui répéter ce qu'a dit le curé.
Il lui répond :
- Il a demandé aux personnes aimant les bonbons de lever la main !
Elle lève aussitôt la main et le curé lui demande :
- Madame, vous n'avez pas honte à votre âge !
Elle lui répond :
- Justement si, à mon âge, j'en suce un bon paquet par semaine.

C'est l'histoire d'une petite souris qui traverse la voie ferrée. Elle voit un train arriver, mais elle traverse quand même. Elle se fait couper la queue.
Elle décide de retourner chercher son bout de queue, mais elle se fait couper la tête !
La morale de cette histoire : il ne faut pas perdre la tête pour un bout de queue !

Ce sont deux jumeaux qui sont dans le ventre de leur mère.
L'un dit à l'autre :
- Je me demande si notre mère est riche.
L'autre bébé décide d'aller voir par lui-même et quand il revient, il dit a son frère :
- Notre mère est très riche. Tu aurais dû voir la fourrure que j'avais autour du cou !

Quel est le plus petit paradis du monde ?
- C'est le soutien-gorge car il ne contient que deux "saints".

Comment appelle-t-on une femme qui n'a jamais pris la pilule ?
- Maman !

Une petite mandarine, rentrant tard un soir à la maison, dit à sa mère orange :
- Tu sais, maman, ce soir j'ai rencontré un citron. Il a eu un zeste (geste) déplacé et j'ai peur d'avoir un pépin !

C'est la rentrée des classes et Toto rentre chez lui.
Sa mère lui demande si cela s'est bien passé.
Toto lui répond :
- Oui et j'ai changé de maîtresse comme papa.

Un jour, un jeune couple invite un ami à aller faire du camping.
Mais le problème est que cet ami n'a pas de tente et il doit donc dormir dans la tente du couple.
Le nuit, le mari se réveille et voit son ami la tête entre les seins de sa femme.
Il lui dit :
- Mais qu'est-ce que tu fais ?
L'ami répond :
- J'écoute radio lolo !
Le mari :
- Tu te fous de moi ! C'est quoi cette connerie ?
- L'ami lui dit :
- Il suffit de mettre la tête entre les seins et tu as radio lolo !
Le mari met alors la tête entre les seins de sa femme et dit :
- Mais je n'entends rien !
L'ami lui répond :
- Mais tu n'es pas branché !

Un homme se confesse et dit au curé :
- Voilà, mon père. Hier, j'ai fait l'amour 19 fois avec ma femme !
- Mais, mon fils, avec votre femme, ce n'est pas un péché !
- Oui, mon père, mais 19 fois ! Il fallait bien que je le dise à quelqu'un !

Une jeune fille de la ville va passer ses vacances à la campagne. Elle installe sa tente dans un champ. Un matin, elle va voir un fermier qui en train de traire ses vaches. Elle lui demande alors s'il veut bien lui apprendre à traire.
Il lui répond :
- Ce n'est pas difficile. Il vous suffit de bien serrer le pis en effectuant des mouvements du bas vers le haut, en visant bien dans le seau.
Très fière d'avoir appris comment on trait une vache, elle se dirige dans un champ et décide de passer à la pratique.
Une heure après, la jeune fille revient voir le fermier et lui dit :
- J'ai eu beau faire comme vous me l'avez montré, je n'ai pu remplir qu'un demi-verre !
Très surpris, le fermier regarde le verre et s'écrie :
- Mais ce n'est pas du lait ! Vous venez de traire le taureau !

Un homme tend un verre d'eau et des cachets d'aspirine à sa femme.
- Mais je n'ai pas la migraine !
- Ah, alors on peut faire l'amour !

C'est une jeune fille qui danse avec un jeune homme très entreprenant. Celui-ci l'enlace de plus en plus fort. Tout d'un coup, la jeune fille s'exclame :
- Mais calmez-vous !
Le jeune homme :
- Je n'y peux rien, c'est l'appel de l'amour !
La jeune fille :
- Je ne sais pas si c'est la pelle, mais le manche je le sens bien !

Une vieille dame rencontre son docteur pour son examen médical annuel.
Quand le médecin lui demande de ses nouvelles, elle lui dit :
- Oh ça va bien, mais j'aimerais avoir un renouvellement de pilules contraceptives.
Surpris, le médecin lui demande :
- Mais... excusez-moi Madame Smith, vous avez 75 ans... c'est impossible pour vous de devenir enceinte à votre âge, quelle utilité auraient ces pilules pour vous ?
La vieille femme répond :
- Elles m'aident à mieux dormir la nuit.
Le médecin de plus en plus surpris lui demande :
- Mais comment des pilules contraceptives pourraient-elles vous aider à mieux dormir ?
Et la vieille dame répond :
- J'en mets une chaque matin dans le jus d'orange de ma petite-fille avant qu'elle ne parte pour l'école, et je dors ainsi beaucoup mieux.

C'est une jeune fille de seize ans qui va sortir en boîte avec un garçon pour la première fois. Ne voulant pas paraître trop bête, elle demande des conseils à sa grand-mère.
La mamie lui dit :
- Assieds-toi ici. Je vais te donner quelques trucs sur les garçons. Ce soir, en discothèque, vous allez danser, puis vous allez boire, puis vous allez redanser... puis il va chercher à t'embrasser et certainement que tu en auras très envie.
Alors si c'est le cas, tu pourras le laisser faire. Ensuite, il va aussi essayer de te caresser les seins, et certainement que tu auras très envie de ça aussi. Alors, si c'est le cas, tu pourras le laisser faire. Mais ensuite, il essaiera de placer sa main entre tes jambes, et peut-être que tu auras très envie de ça aussi. Là tu feras comme tu veux. Par contre, il y a quelque chose de vraiment très important : si après ça, il cherche à monter sur toi et à te faire ton affaire, ne le laisse surtout pas faire, car à ce moment-là, il mettrait la honte sur toi et toute notre famille.
Munie de ces précieux conseils, l'adolescente part en boîte avec son ami.
Dès le lendemain, elle retourne chez la grand-mère pour se confier :
- Tout s'est passé comme tu me l'avais dit, mamie, dit l'adolescente, sauf que, quand on en est arrivé au moment où il cherchait à monter sur moi pour me faire mon affaire, là, c'est moi qui suis montée sur lui, comme ça je lui ai mis la honte sur toute sa famille !

Un homme se confie à son meilleur ami :
- Ma femme dit que je baise comme un lapin... mais je ne vois pas comment elle peut me juger en 20 secondes !

Deux amis marchent dans la forêt. L'un d'eux a une petite envie. Il pisse contre un arbre et une vipère le mord sur le bout du pénis. L'autre prend son téléphone portable et appelle un médecin :
- Allô, docteur, mon ami s'est fait mordre par une vipère, que faut-il faire ?
- Il faut vite sucer la plaie pour aspirer le venin.
Le mordu dit :
- Alors ? Qu'est-ce qu'il a dit ?
- Il a dit que tu allais mourir.

Deux femmes discutent :
- Alors, cette expédition en Afrique ?
- Il m'est arrivé un truc incroyable ! Un jour, il y a un gorille qui a surgi de la jungle et qui m'a emmenée avec lui. J'ai cru qu'il allait me dévorer toute crue, et je me suis évanouie. A mon réveil, il avait arraché mes vêtements. Il m'a alors fait l'amour 19 fois de suite, et ça pendant, snif, vingt jours, et puis mes amis m'ont retrouvée, snif...
- Oui, mais ne pleure plus, c'est fini tout ça...
- Ben justement, c'est pour ça que je pleure !

Un homme un peu complexé va chez le tatoueur et se fait inscrire "Clio" sur le sexe.
De retour chez lui, il se regarde dans une glace et dit :
- Voilà maintenant tu as tout d'une grande !

Une jeune femme est dans son bain. Soudain, le facteur frappe à la porte. La jeune femme, nue, regarde par le judas, et, le facteur par le trou de la serrure.

Le facteur dit :

- Et toi ! Le petit frisé, dis à ta mère que j'ai un colis pour elle.

Cela se passe dans une mission en Afrique. Dans ce village, peuplé uniquement de noirs, se trouve un et un seul blanc : le père Joseph.

Un jour, un des autochtones aborde le père Joseph pour une plainte.

- Ecoute mon père, j'ai un petit problème. Ma femme vient d'avoir un fils, et il est blanc. Comme tu es le seul blanc dans la région, je viens te voir parce que je ne suis pas content.

- Ah mon fils, les voies du Seigneur son impénétrables. Ce sont des choses qui arrivent. Vois-tu, la génétique nous indique que...

- Mon père, je ne comprends rien. Les gènes tics, je ne sais pas ce que c'est. Moi, tout ce que je sais, c'est que mon fils est blanc comme toi.

- Attends. Je vais t'expliquer autrement. Regarde le troupeau de moutons là-bas. Ils sont tous blancs n'est-ce pas ? Pourtant dans le groupe, il y en a un noir.

- Ah mon père. Je te propose un marché. Je ne dis rien pour mon fils. Et toi, tu ne dis rien pour le mouton.

C'est un jeune homme dans un bar, il a pas mal picolé et il confesse à son copain de beuverie que sa femme ne jouit jamais !
Alors son pote lui dit :
- Ecoute bien : ce soir en rentrant, tu vas te faufiler dans ta chambre, sans réveiller ta femme. Tu vas te glisser entre ses jambes en passant par l'extrémité du lit. A ce moment-là, tu vas la lécher, mais surtout, tu ne t'arrêteras pas. Jusqu'à ce qu'elle jouisse, tu ne t'arrêteras pas de lui lécher le clitoris ! Je te garantis que même si c'est long à venir, avec cette méthode, ta femme jouira.
Le soir même, le gars rentre chez lui et décide de tenter le coup tout de suite. Il passe entre les jambes de sa femme sans la réveiller et commence à l'entreprendre avec sa langue. Après 10 minutes, rien ne bouge. Après 30 minutes, les crampes commencent à lui bloquer la mâchoire, mais il continue car il veut faire jouir sa femme ce soir.
Enfin, après 40 minutes de cunnilingus, sa femme jouit !
Le gars, tout heureux et content de lui décide d'aller à la cuisine boire une tasse de café. Arrivé dans la cuisine, il voit sa femme à la table avec une tasse de café à la main.
Il lui demande en criant :
- Mais comment as-tu pu descendre de la chambre si rapidement ?
Et sa femme lui répond :
- Chut ! Tu vas réveiller ma mère qui dort dans notre lit !

Annonce sur les radios dans l'info route :
- Un gros camion de Viagra vient de se renverser sur l'autoroute du soleil, il y a déjà 20 km de queues !

Que se passe-t-il dans un bordel lorsqu'il y a le feu ?
- Les femmes sont paniquées et chez les hommes c'est la débandade !

Un couple de jeunes mariés arrive à l'hôtel. Le marié, portant sa jeune épouse, s'attarde devant la porte.
- Mais que fais-tu chéri ?
- Je n'arrive pas à mettre la clef dans la serrure.
- Eh bien, ça promet !

Une mère et son fils font une visite au zoo. Lorsqu'ils passent devant les éléphants, le fils, pointant le sexe du mastodonte, demande à sa mère :
- Qu'est-ce que c'est ça, maman ?
La mère évidemment embarrassée, répond :
- Oh, ce n'est rien.
La semaine suivante, le père amène son fils au zoo. Encore une fois, le jeune pose la même question :
- Cela, c'est son pénis, mon fils, répond le père.
- Maman a dit que ce n'était rien la semaine dernière.
Le père sourit et réplique :
- Ça, c'est parce que ta mère est gâtée par moi !

Quelle est la différence entre le viagra et l'EPO ?
- Il n'y en a pas, ils sont faits tous les deux pour les mauvais grimpeurs.

Pourquoi les filles baissent-elles les yeux quand un garçon leur fait un compliment ?
- Pour savoir si c'est vrai !

Une jeune fille épouse un homme beaucoup plus âgé qu'elle.
Le lendemain de la nuit de noces, elle se traîne dans la salle de bains et se regarde dans le miroir. Les yeux cernés et la mine décomposée, elle marmonne :
- Il m'avait dit qu'il économisait depuis 40 ans, mais moi je pensais qu'il s'agissait d'argent !

Deux vieux copains discutent. L'un d'eux est un coureur de jupons notoire, l'autre est beaucoup plus timide. Ce dernier est tout pensif, il s'est marié il y a peu de temps.
Il dit à son ami :
- Tu vois, moi, je n'avais jamais fait l'amour avec ma femme avant notre mariage... Et toi ?
L'ami lui répond :
- Je n'en sais rien ! Comment s'appelle ta femme ?

Quelques petits trucs à ne jamais dire pendant l'amour :
- Dis... Le plafond aurait besoin d'un bon coup de peinture ! Qu'en penses-tu ?
- Oh mon Dieu ! Qu'est-ce qui pend de ton nez ?
- Je suis plus légère, peut-être devrais-je être au-dessus ?
- Mon Dieu ! Je crois que j'ai entendu mon mari !
- C'est fini ?
- Tu as déjà fini ?
- Mais vous n'êtes pas mon mari !
- Tu commences quand tu veux !
- Ce n'est pas contagieux, tu sais !

Que disent deux chats quand ils sont amoureux l'un de l'autre ?
- Nous sommes félins pour l'autre !

L'épouse d'un député va consulter son gynécologue. Apres l'avoir auscultée, son médecin lui demande :
- Rappelez-moi depuis combien de temps vous êtes mariée.
- Dix ans docteur !
- Je ne comprends pas... Vous êtes mariée depuis dix ans et l'examen gynécologique révèle que vous êtes toujours vierge.
Et l'épouse explique à son médecin :
- Oh docteur ! Vous savez un député : des promesses, des promesses, toujours des promesses !

Deux vieux amis se rencontrent après plusieurs années sans s'être vus. Ils discutent à la terrasse d'un café et dans la conversation, l'un dit à l'autre :
- Ta femme est toujours aussi jolie ?
L'autre lui répond :
- Oh oui, ça lui prend juste un peu plus de temps.

Jack un jeune Londonien, reçoit une mignonne Française en séjour d'échange linguistique.
Après une journée de visite des rues de Londres, son père lui demande :
- Jack, qu'as-tu appris aujourd'hui avec Corinne ?
- J'ai appris le nom des doigts de la main.
- Alors je t'écoute... (le papa est prof de français...)
- Le pouce, l'index, la plaisanterie, l'annul...
- Non Jack, ce n' est pas la plaisanterie mais le majeur !
- Et pourtant dans le cinéma Corinne m'a dit : « Jack, tu ne trouves pas que tu pousses la plaisanterie trop loin ? »

Un passant rentre chez lui la nuit. Il traverse un parc public.
Et tout à coup, il entend :
- Au viol ! Aidez-moi !
Il s'approche, il voit une femme et un agresseur. Après hésitation, il demande à la femme :
- Vous avez besoin d'aide ?
Et c'est l'agresseur qui répond :
- Ben, non, je vais y arriver tout seul !

C'est un homme qui rentre dans une agence de voyage et s'achète une croisière de deux semaines pour lui et sa petite amie.
Quelques jours avant d'embarquer, le voyagiste le rappelle pour lui dire que la croisière est annulée, mais qu'il peut lui proposer une croisière de 3 jours à la place.
Le jeune homme est d'accord. Alors il se rend chez le pharmacien et achète une boîte de comprimés de Dramamine (contre la nausée) et 3 préservatifs.
Le lendemain, l'agent de voyage le rappelle encore pour lui dire qu'une croisière de 5 jours est disponible.
Le gars dit qu'il est d'accord pour cette nouvelle croisière.
Ensuite, il retourne à la pharmacie pour acheter une boîte de Dramamine et 2 préservatifs de plus.
Un jour avant le départ, l'agent de voyage le contacte à nouveau pour lui dire que cette fois-ci, il dispose in extremis d'une croisière de 8 jours.
Le gars lui répond :
- D'accord pour celle-là !
Et il retourne à la pharmacie s'acheter une boîte de Dramamine et 3 préservatifs de plus.
Et le pharmacien, curieux, lui demande :
- Dites un peu, si ça vous rend malade à ce point, pourquoi continuez-vous à le faire ?

Pourquoi les nains sont-ils interdits dans les camps de nudistes ?
- Parce qu'ils fourrent toujours leur nez
dans les affaires des autres !

Nous sommes samedi. Un jeune garçon vient d'être embauché comme vendeur dans une grande surface. Le patron se déplace personnellement pour lui montrer comment « bien » vendre :
- Regarde-moi faire, dit le patron en s'approchant d'un client qui venait à peine d'entrer.
- Puis-je vous aider Monsieur ? dit le patron.
Le client lui répond :
- Je viens juste d'emménager dans ma nouvelle maison et je voulais de l'engrais pour mon gazon.
Le patron répond :
- Très bien Monsieur. Nous avons des sacs de 10 et de 25 kg. Je vous suggère de prendre le sac de 25 kg.
- Pourquoi cela, n'est-ce pas un peu trop ?
- Eh bien, le sac de 25 kg vous permettra de tenir une année complète, alors qu'avec le sac de 10 kg, vous serez à court pendant l'été, répond le patron.
- Très bien, je prends le sac de 25 kg, répond le client.
- Parfait, Monsieur. Et quelle sorte de râteau allez-vous utiliser ?
- Un râteau ? Pourquoi devrais-je utiliser un râteau ?
- Monsieur, si vous ne passez pas votre gazon au râteau avant de mettre de l'engrais, les granulés d'engrais n'iront pas au contact du sol et n'auront aucun effet, répond le patron.
- Dans ce cas, mettez-moi un râteau en plus.
- Très bien Monsieur. Et avec cela, je vous mets un arroseur fixe ou un arroseur oscillant ?
Le client commence à être agacé et répond sèchement :
- Un arroseur ? Je suis juste venu acheter de l'engrais. Pourquoi devrais-je en plus prendre un arroseur ?
Le patron répond toujours calme :
- Eh bien monsieur, par ici, le climat est assez sec, alors, si vous arrosez juste après avoir fertilisé votre gazon, l'engrais aura un effet maximal et vous aurez certainement le plus beau gazon parmi tous vos voisins.
Encore une fois, le client se laisse faire.
Et le patron continue :

- Je parie que vous n'avez pas de tondeuse ? Gagné. Voulez-vous plutôt une tondeuse à essence ou une tondeuse électrique ?
- Une tondeuse ? Vous m'avez déjà vendu un râteau et un arroseur en plus de l'engrais. Vous ne trouvez pas que ça suffit ?
Le patron, toujours calme, lui répond :
- Un gazon fraîchement semé doit être tondu dès que possible. C'est ce qui permet de le rendre le plus dru, et donc le plus beau. En le tondant au plus tôt, votre gazon sera aussi beau que celui d'un green de golf ! D'autre part, notre promotion sur les tondeuses se termine ce samedi.
Le client lui répond :
- C'est d'accord, je cède, mettez-moi une tondeuse électrique en plus.
...
Après le départ de l'homme avec tous ses achats, le patron va voir le nouvel employé et lui dit :
- Alors, tu penses que tu arriveras à faire ça ?
L'employé répond que ça devrait aller. Du coup, le patron le laisse aborder un nouveau client.
Le nouvel employé s'approche du client :
- Puis-je vous aider, Monsieur ?
L'homme répond :
- Oui. J'ai besoin de tampons pour ma femme.
Le nouvel employé est estomaqué par la demande du client. Il ne s'attendait pas à un truc comme ça. Comme il veut malgré tout impressionner le patron favorablement, il réfléchit et soudain, il trouve la solution :
- Très bien Monsieur. Et voulez-vous une tondeuse à essence ou une tondeuse électrique avec ça ?
- Une tondeuse ? Ça ne va pas dans votre tête ? Je suis venu pour des tampons pour ma femme. Pourquoi aurais-je besoin d'une tondeuse à gazon en plus ?
L'employé répond :
- Eh bien Monsieur, si je puis me permettre, comme vous êtes venu acheter des tampons pour votre femme, je pense que ferez une croix sur les galipettes ce week-end. Alors autant tondre la pelouse...

Dans le compartiment d'un train, un homme porte
deux bébés, un dans chaque bras.
Une femme s'installe devant lui et entame la conversation :
- Quels beaux bébés ! Comment s'appellent-ils ?
L'homme lance un regard agacé à la dame et répond :
- Je ne sais pas.
La dame continue malgré tout :
- Ce sont des petits garçons ou des petites filles ?
L'homme semble encore plus agacé et répond :
- Je ne sais pas.
La femme :
- Mais enfin, quelle sorte de père êtes-vous donc ?
L'homme répond :
- Je ne suis pas leur père, je suis représentant
en préservatifs et eux, ce sont deux « plaintes »
que je vais déposer à la direction !

Deux chats sont sur un balcon, le soir.
Un chat interpelle son copain chat à côté de lui et lui dit :
- T'as vu la jeune fille, là-bas ?
- Oui, oui !
- Tu vois ce petit triangle brun entre ses jambes ?
- Ouais !
- Tu sais comment ils appellent cela, les hommes ?
- Euh... non !
- Une chatte !
Instant de stupeur incrédule. Puis il répond :
- Allez... Tu me prends pour un con ?

Dans quel pays fabrique-t-on le Viagra ?
- Au Boukistan.

L'ambassadeur français d'un pays africain a été invité chez un diplomate local. Tous les deux discutent des récents progrès réalisés dans le pays ces dernières années, alors que les Russes étaient ici comme chez eux :
- Ils ont construit une centrale électrique, un aéroport, ils nous ont appris à boire de la vodka et à jouer à la roulette russe.
L'ambassadeur français a une moue d'effroi et de dégoût :
- La roulette russe est un jeu très dangereux !
- C'est vrai, répond l'Africain, c'est pourquoi nous avons inventé la roulette africaine. Voulez-vous y jouer ?
- Je ne suis pas sûr... Comment y joue-t-on ?
L'Africain frappe dans ses mains, et alors six magnifiques Africaines, totalement nues arrivent auprès d'eux. Le diplomate explique :
- Choisissez celle qui vous plaît, et elle vous donnera du plaisir oralement.
- Ah, c'est quand même plus plaisant et moins risqué que la roulette russe !
Et le diplomate lui répond alors :
- Oui, mais sur les six, il y a une cannibale !

Que font trois putes allemandes multipliées par deux ?
- Six sauteuses boches...

Le Général De Gaulle et son premier ministre Pompidou assistent ensemble à la première d'une pièce de théâtre.
A l'entracte, ils se rendent ensemble aux urinoirs.
Alors qu'ils se soulagent, Pompidou dit :
- Belle pièce, mon général !
Et De Gaulle lui rétorque :
- Regardez devant vous, Pompidou !

C'est un jeune homme assis au bar d'un restaurant. Il attend qu'une table se libère et remarque une très jolie jeune femme, elle aussi assise au bar, en train de prendre un apéritif.
Le gars s'avance vers elle et dit :
- Ça va vous paraître un peu abrupt, mais accepteriez-vous de dîner avec moi ce soir ?
La jeune femme se lève tout d'un coup de son siège et crie :
- Quoi ! Vous accompagner chez vous ? Pour qui me prenez-vous, espèce de pervers obsédé !
En entendant ça, le gars retourne tout penaud à son siège de bar en pensant : "Cette femme est complètement folle..."
Cinq minutes plus tard, la femme quitte son siège de bar et rejoint notre gars.
Elle lui dit alors :
- Je suis terriblement désolée pour la scène de tout à l'heure. Je suis en licence de psychologie et nous étudions en ce moment les réactions des gens lorsqu'on leur fait une réponse surprenante !
Alors le gars se lève d'un seul coup de son tabouret de bar et hurle :
- Quoi ! 250 euros ! Vous êtes folle !

A Marseille, deux vieux discutent :
- Dis, tu sais que ma fille se marie ?
- Non ? Oh putain !
- Non, pas celle-là, l'autre...

Un gars se présente dans un restaurant et propose le marché suivant au patron :
- Ecoutez-moi, je n'ai pas d'argent, mais je vous propose un pari : vous me présentez une assiette propre, et je vous devine ce qu'il y avait dedans avant de la laver. Si je devine bien, vous m'offrez un repas.
Intrigué, le restaurateur accepte.
Il pose devant l'homme une assiette propre.
Celui-ci dit :
- Mmmmh, ça c'était du civet de lièvre aux champignons.
Et effectivement, c'était ce que l'assiette avait contenu !
La scène se répète un, deux, trois jours. Au bout d'une semaine, le restaurateur commence à en avoir marre de devoir donner à manger gratuitement au gars.
Dès qu'il le voit arriver, il va à l'arrière du restaurant, et demande à la serveuse :
- Ginette, vite, baisse ta culotte !
- Mais enfin, patron !
- C'est pour faire une blague, Ginette, baisse ta culotte et frotte-toi la chatte contre cette assiette, vite ! Après tu laves l'assiette et tu me la donnes.
Le patron retourne chez l'homme assis à sa table et lui donne l'assiette.
Le mec renifle deux fois l'assiette. Interloqué, il demande :
- Mais Ginette, elle travaille ici ?

Recette du Gâteau d'Amour.

Ingrédients :
- 1 lit chaud.
- 2 corps différents (préalablement lavés).
- 500 grammes de caresses (ou plus).
- 50 grammes de baisers (ou plus).
- 1 banane pas trop mûre.
- 2 kiwis.
- 2 pamplemousses (grosseurs à volonté).
- 1 four préchauffé à feu doux.

Temps :
- 15 minutes selon la préparation.

Préparation :
- Introduire les 2 corps dans un lit chaud avec 50 grammes ou plus de baisers.
- Enduire la surface des corps avec 500 grammes de caresses (en ajouter si pas assez sucré).
- Couvrir ces mêmes corps, en particulier la banane, jusqu'à saturation.
- Ne pas faire de blancs en neige.
- Agiter, avec ménagement, les 2 pamplemousses, les faire dorer très légèrement sans les faire rougir.
- Mettre la banane, préalablement chauffée, du bout des doigts dans le four à température ambiante.
- Laisser les 2 kiwis non pelés à l'extérieur.
- Manœuvrer la banane très délicatement en va-et-vient. La sortir de temps à autre et la retourner, afin de contrôler la cuisson : ceci pour ne pas qu'elle perde son jus.

La vitesse varie selon la marque du four.
- Extraire le jus de la banane qui, lui, doit rester dans le four.
- Retirer celle-ci avec légèreté.
- Pour achever le gâteau, laisser macérer dans les mains ou essuyer le surplus avec la langue, ceci étant laissé au choix de la cuisinière.

- Laisser refroidir, démouler 9 mois après.
Ne pas omettre de répéter fréquemment la recette, afin d'en savourer chaque fois davantage le goût.

C'est l'été, il fait très chaud. Un homme roule en voiture et n'a qu'une seule idée en tête : se rafraîchir. Aussi, lorsqu'il voit un pont au-dessus d'une rivière à l'eau cristalline, il s'arrête.
Bien sûr, il n'a pas de maillot de bain, mais ce n'est pas un problème car il n'y a personne aux alentours.
Le gars patauge quelques minutes, ravi de se refroidir un peu, puis il aperçoit deux vieilles dames sur la rive qui regardent dans sa direction.
Le gars, un peu timide, panique et cherche à sortir de l'eau en cachant toute sa virilité. Aussi, quand il voit le manche d'une poêle à frire qui dépasse des graviers de la berge, il s'en saisit et place la poêle devant son sexe.
Les vieilles s'approchent alors de lui en rigolant.
Le gars ne sait plus où se mettre et ne cherche qu'à s'enfuir, lorsqu'une des vieilles dit :
- Vous savez, jeune homme, j'ai une espèce de don de télépathie. Oui, en fait, j'arrive à savoir exactement ce que les gens pensent rien qu'en les regardant !
L'homme qui n'a rien à faire de ce que raconte la vieille (et qui n'a qu'une envie, c'est qu'elles partent au plus vite) répond :
- Ah oui. C'est incroyable. Et moi par exemple, à quoi suis-je en train de penser en ce moment ?
- Eh bien, vous pensez que la poêle que vous êtes en train de tenir possède encore son fond !

Jeanne d'Arc sur le bûcher déclara aux Anglais :
- Quel malheur de mourir vierge, le feu aux fesses ! Mon pucelage pour un pompier !

Cela se passe au bord de la mer en Bretagne. Ce sont deux gars qui sont de vrais jumeaux. Il y a Robert et Raymond Kulasec. Robert s'est marié à Jeannine, mais Raymond est resté célibataire. Le seul bien que possède Raymond en dehors de sa maison, c'est une vieille chaloupe.
Un jour, la femme de Robert, Jeannine, meurt.
Et le même jour, la chaloupe de Raymond coule !
Une vieille dame de leurs connaissances rencontre Raymond le lendemain. Mais elle confond Raymond et Robert. Elle dit à Raymond :
- Oh monsieur Kulasec... J'ai appris votre grande perte. Cela doit être terrible pour vous.
Raymond lui répond :
- Eh ben en fait oui. Je suis vraiment démuni maintenant. Enfin, il faut quand même relativiser. Elle était pourrie dès le départ, elle avait l'arrière tout abîmé, elle sentait le poisson et jamais au grand jamais, je n'ai connu une chose qui prenait l'eau aussi vite qu'elle. Il faut dire qu'elle avait une grosse fissure par devant et un grand trou à l'arrière. D'ailleurs, le trou devenait de plus en plus gros à chaque fois qu'on l'utilisait...
En fait, ce qu'elle n'aura pas supporté, c'est que je la loue à quatre gars pour qu'ils prennent un peu de bon temps avec elle. Je leur avais pourtant dit d'y aller doucement, mais ces jeunes branleurs ont voulu monter à quatre en même temps. C'en était trop pour elle et elle a craqué en plein milieu !

C'est un mari et sa femme qui passent une semaine aux sports d'hiver.
Alors qu'ils sont dans la télécabine pour monter à 3000 mètres, la femme dit à l'oreille de son mari qu'elle a un besoin urgent de faire pipi.
Le mari lui répond de ne pas s'en faire : il y a toujours un chalet restaurant à l'arrivée des télécabines.
Mais à l'arrivée, le chalet restaurant est fermé... et voilà la dame les jambes encore plus serrées.
Voyant, au cours de la descente, que sa femme ne peut plus rien faire de bon, le mari lui suggère de courir vers les premiers rochers et de satisfaire ce besoin pressant.
Il lui dit :
- Vas-y, n'aie pas peur, de toute façon, personne ne te repérera avec ta tenue blanche !
Alors la femme va s'installer, mais elle garde les skis chaussés, malheureusement pour elle ! Car les skis se mettent à glisser et la voilà qui descend la pente, à reculons en plus, le cul à l'air et le pantalon de ski sur les genoux.
Elle prend de la vitesse, et comme elle n'a aucun moyen de se diriger, elle continue tout droit, le cul en premier.
Finalement, elle percute un pylône. Et manquant toujours de chance, elle se casse un bras dans l'histoire et elle ne peut pas remonter son pantalon de ski. C'est seulement quand son mari vient la rejoindre que sa nudité peut enfin être cachée des yeux du public.
Ensuite, les sauveteurs viennent la chercher avec la motoneige et le brancard ; elle est amenée en bas des pistes, puis transportée à l'hôpital.
Sur place, on lui pose un plâtre sur le bras, puis on la place dans la chambre d'un gars qui a la jambe dans le plâtre.
Elle engage la conversation :
- Comment vous êtes-vous cassé la jambe ?
Le gars lui répond :
- C'est une histoire incroyable : j'étais sur un télésiège pour monter

en haut des pistes lorsque j'ai vu une femme descendre une piste de ski, le postérieur tout nu à l'air, le pantalon de ski baissé sur les genoux, et en plus, à reculons ! Pour mieux voir, je me suis penché, mais je n'ai pas réalisé que j'étais bien trop penché en dehors du télésiège, et je suis tombé. D'où ma fracture du tibia... Et vous, comment vous êtes-vous cassé le bras ?

Un monsieur est perdu dans le désert sur le dos d'un chameau.
Des jours et des jours passent et il ne rencontre personne.
Malheureusement, il a très envie de faire l'amour..... il décide de prendre son chameau.
Il se met à l'arrière, il lève la queue et... raté, le chameau s'en va !
Il recommence et recommence sans succès.
Jusqu'au moment où un avion atterrit en catastrophe... et une superbe fille blonde bien en chair en descend.
Elle s'approche de lui et dit :
- Je ferai ce que vous voudrez si vous parvenez à réparer mon avion...
L'homme se lance sur l'avion et du premier coup, il le répare.
La dame, très sensuelle, demande :
- Que voulez-vous de moi ?
Et le monsieur lui dit :
- Vous pourriez me tenir mon chameau, s'il vous plaît ?

La différence entre les maillots de bains de jadis et ceux de maintenant, c'est que jadis, il fallait écarter le maillot pour voir les fesses ... alors que maintenant, il faut écarter les fesses pour voir le maillot.

Un plombier qui a le pied dans le plâtre rencontre un très bon ami qui se balade en ville avec ses béquilles.
L'ami lui demande :
- Salut ! Dis donc, comment tu t'es fait ça ?
- Ah, attends, je vais te raconter, tu n'en reviendras pas !
L'histoire commence avec un gars, jeune marié, qui avait promis à sa femme de réparer une fuite à un robinet un certain jour de la semaine.
Malheureusement, ce jour-là, il lui est impossible de quitter son bureau à cause d'une réunion exceptionnelle. C'est alors qu'il pense à faire appel à un plombier professionnel et du coup, il m'appelle pour faire le travail.
Comme j'avais besoin de sa clef, je passe à son bureau pour l'obtenir, et ensuite, je me rends chez lui et je me mets au travail.
Un peu plus tard, sa femme rentre du travail. En rentrant, elle voit mon arrière-train qui dépasse du dessous de l'évier... Elle pense qu'il s'agit de son mari et elle commence à tirer mon pantalon et à s'occuper avec enthousiasme de mon intimité...
A ce moment-là, le téléphone sonne, et la femme se relève pour répondre.
Lorsqu'elle revient, elle dit d'une voix agressive :
- C'était mon mari au téléphone. Qui êtes-vous ?
Moi, à ce moment-là, je suis tellement surpris et gêné que lorsque je veux lui répondre, je relève la tête trop vite et je m'assomme contre le rebord de l'évier.
Pendant que je suis dans les pommes, la femme me dégage de là, remonte mon pantalon et appelle une ambulance.
Quand les infirmiers m'emportent sur une civière, j'ai repris mes esprits, et ils me demandent ce qui s'est passé.
Alors je leur raconte mon histoire, et ils se mettent tellement à rire qu'il me laissent tomber par terre !
C'est comme ça que je me suis cassé la jambe.

Deux matelots font escale après trois mois de mer. A peine ont-ils posé le pied sur la terre ferme qu'ils décident de partir en chasse afin de compenser leurs longs mois d'abstinence.
Ils décident donc de se séparer en se promettant de se retrouver le lendemain matin à la taverne "Le vieux goéland".
Ainsi, d'un pas décidé, ils partent chacun à la conquête du plaisir...
Le soleil est levé depuis peu quand ils se retrouvent autour d'un verre. Ils commencent alors à se raconter leurs exploits de la nuit passée.
Le premier, Paulo, les traits tirés, très fatigué, décrit sa nuit :
- Oh ben moi c'est simple, je suis allé à l'auberge "Au maquereau sympathique" et là j'ai trouvé une charmante compagnie immédiatement. Ma paie y est passée, mais j'ai baisé comme un fou toute la nuit et toi, Pierrot, comment c'était ?
Alors Pierrot commence son récit :
- Oh moi, tu sais que je suis plus romantique que toi, donc je suis allé à la taverne "A la rose effeuillée". J'ai fait la rencontre d'une charmante personne. Je lui ai payé un ou deux verres et finalement, je me suis dit que ce n'était pas très sympa de faire ça pour la sauter.
Je me suis donc préparé à passer une nuit à discuter tranquillement, simplement entre amis quand elle m'a proposé de venir boire un verre chez elle.
Bon, j'accepte évidemment et à peine a-t-elle refermé la porte, qu'elle se déshabille, se jette sur le lit nue et me dit :
- Fais-moi l'amour tempête ! Fais-moi l'amour tempête !
Alors je la regarde et je lui dis :
- Mais je ne connais pas l'amour tempête...
Elle me dit :
- C'est très simple, tu secoues le lit pour faire croire que je suis sur un bateau au milieu d'une tempête.
Alors là je me mets à secouer le lit de toutes mes forces.
Après elle me dit :
- Crache-moi dessus, comme ça je penserai qu'il y a de la pluie.

Alors je crache, je secoue le lit...
Maintenant allume et éteins la lumière pour faire les éclairs, me dit-elle.
Alors j'allume, j'éteins, je crache, je secoue le lit, j'allume, j'éteins je crache, je secoue le lit.
Là-dessus, Paulo s'impatiente :
- Et alors ?
Pierrot lui dit :
- Attends ! Après elle me dit :
- Fais-moi le bruit du vent...
Alors je fais le bruit du vent, j'allume, j'éteins, je crache, je secoue le lit, je fais le bruit du vent, j'allume, j'éteins, je crache, je secoue le lit.
Et là elle me dit :
- Oh oui, prends-moi maintenant !
Paulo demande :
- Et alors, tu l'as baisée ?
Pierrot répond :
- T'es pas fou ? Avec le temps qu'il faisait !

Dans un cirque, le nain veut faire l'amour à la géante, debout !
La géante lui dit :
- Pas de problèmes, je te prends sous les bras et tu me guides.
Aussitôt dit, aussitôt fait !
Le nain :
- Trop haut !
- Trop bas !
- Trop haut !
- Trop bas !
- Trop haut !
- Trop bas !
- Trop haut !
- Trop bas !
- Trop tard !

C'est un aveugle qui passe à côté d'une poissonnerie :
- Salut les filles, il fait chaud, l'été, n'est-ce pas ?

C'est papa cyclope et son fils :
- Papa, pourquoi on n'a qu'un œil ?
...
- Papa, pourquoi on n'a qu'un œil ?
..
- Papa, pourquoi on n'a qu'un œil ?
..
- Papa, pourquoi on n'a qu'un œil ?
- Ah... Tais-toi !
- Papa, pourquoi on n'a qu'un œil ?
..
- Papa, pourquoi on n'a qu'un œil ?
- Arrête !
- Papa, pourquoi on n'a qu'un œil ?
- Arrête, tu me casses la couille !

Un invité murmure à sa voisine :
- Le champagne vous rend jolie !
- Mais, je n'en ai pas bu une seule coupe !
- Oui, mais moi j'en suis à ma dixième !

C'est un gars qui vient de s'acheter une paire de santiags. Ses bottes sont superbes et le soir, il décide d'aller les étrenner au bal. Il danse un slow avec une jeune fille du village et, tout fier, il lui dit :
- Je parie que je peux deviner de quelle couleur est ta petite culotte.
La fille lui répond :
- Vas-y, dis toujours !
- Ta petite culotte est bleue !
- Et comment sais-tu ça?
Le gars lui explique :
- Regarde mes bottes ! Elles sont tellement brillantes que je peux voir dessus comme avec un miroir!
Alors la fille lui dit :
- Tiens, danse un peu avec ma sœur et tu me diras quelle est la couleur de sa culotte.
Alors le gars danse avec la sœur, puis il astique ses bottes en se les frottant contre le bas de son pantalon. Puis il frotte à nouveau ses bottes sur le bas de son jean. Finalement, il abandonne et demande :
- Allez, dis-moi de quelle couleur est ta petite culotte !
Et la sœur lui répond :
- Je n'en ai pas !
Alors le gars soupire un grand coup et dit :
- Ouf ! Pendant une minute, j'ai cru qu'il y avait une crevasse sur le cuir de mes bottes !

Un nain dit à sa femme, naine également :
- Alors, on se fait un 34,5 ce soir ?

Pourquoi les filles du Pas-de-Calais sont-elles précoces ?
- Parce que le concerto en sol mineur....

C'est un jeune couple qui doit passer sa lune de miel dans un hôtel de la Costa Brava.
Le premier soir de leur mariage, alors que le mari est dans la salle de bains, la jeune épouse se déshabille, se glisse sous les draps, et attend patiemment.
Le mari arrive, portant juste un caleçon. Il tire les couvertures, entre dans le lit, ferme la lumière, se tourne sur son côté et s'endort.
La nuit suivante, ayant soigneusement évité de parler de ce qui ne s'était pas passé le soir précédent, la jeune femme décide d'attendre son mari nue sur les couvertures.
Mais lorsque le mari sort de la salle de bains, il porte un pyjama de laine ! Et en plus, comme la veille, il entre dans le lit, se tourne sur son côté et s'endort.
La troisième nuit, la femme est nue sur les couvertures, les chevilles derrière les oreilles !
Le mari sort de la salle de bains avec un pyjama en laine et un bonnet de nuit de la même matière. Il entre dans le lit, se tourne sur son côté et s'endort.
La quatrième nuit, la jeune femme est désespérée. Sa posture sur le lit est la même que le soir précédent. En plus, elle a mis de la musique suggestive genre 'love on the beat', elle a aussi allumé des bougies.
Le mari sort de la salle de bains avec un pyjama en laine et un bonnet de nuit de la même matière, des gants et un cache-nez. Il entre dans le lit, se tourne sur son côté et s'endort.
Sa femme décide d'intervenir :
- Hé ! Tu ne vois pas le trou entre mes deux jambes !
Le mari se retourne alors de son côté et grogne :
- Ah, c'est donc de là que vient le courant d'air !

Comment s'appelle l'espace entre les deux seins de Lolo Ferrari ?
- Silicon Valley !

C'est une dame qui se cherche un sac à main car on lui a volé le sien. Elle entre chez un grand maroquinier, et là, la vendeuse lui présente un assortiment de sacs pour dames. Il y en a un qui lui plaît vraiment, petit, parfait pour la ville et le soir.
La vendeuse lui dit :
- Vous avez raison madame, c'est notre plus bel article !
La dame demande :
- Quel est son prix ?
- 200 euros, répond la vendeuse.
- 200 euros, dit la dame, Mais c'est horriblement cher pour un petit sac de rien du tout !
- Peut-être, dit la vendeuse, mais ce sac est fait en vraie peau de bite humaine...
- Et alors ? demande la dame.
- Eh bien, si vous le chatouillez un peu vous avez un sac de voyage !

Deux petits garçons d'environ cinq ans attendent avec leurs mamans dans la salle d'attente du médecin.
Le premier dit :
- Pourquoi tu es ici ?
Le second répond :
- Pour me faire circoncire !
Le premier reprend :
- Oh, je connais ça. On me l'a fait quand je suis né... J'ai pas pu marcher pendant un an !

Dites, vous connaissez l'histoire de l'eunuque décapité ?
- Eh ben, elle n'a ni queue ni tête !
Et celle de la surprise-partie chez les eunuques?
- Ben, la surprise... c'est qu'il n'y avait pas de parties !

L'histoire se passe dans un monastère de bonnes sœurs. Un matin, une sœur arrive en courant dans le bureau du père supérieur et dit :
- Pardonnez-moi, mon père, parce que j'ai péché ! C'est terrible, j'ai vu un.... enfin un......j'ai vu le pénis d'un homme !
- C'est terrible, répond le père. Dites deux « Je vous salue Marie » et trois « Notre Père ». Lavez-vous les yeux avec de l'eau bénite. Dieu vous pardonnera votre péché.
La sœur part en remerciant le père et va se laver les yeux avec de l'eau bénite.

Le lendemain matin, une autre sœur arrive en courant dans le bureau du père supérieur et s'écrie :
- Pardonnez-moi, mon père, parce que j'ai péché ! C'est affreux, j'ai touché un....enfin un.....Oh mon Dieu ! J'ai touché le pénis d'un homme ! Et elle se met à pleurer.
- Par tous les saints du Ciel, s'écrie le père ! Mais comment.... Bon. Dites quatre « Je vous salue Marie » et six « Notre Père ». Lavez-vous les mains avec de l'eau bénite. Dieu vous pardonnera, ma sœur.
La sœur part en remerciant le père et en pleurant, tout en jurant qu'elle ne recommencerait plus jamais.
Le lendemain matin, une autre sœur, plus affolée que les autres, entre dans le bureau du père supérieur sans même frapper à la porte. Elle en ressort quelques instants plus tard, ouvrant la porte de toutes ses forces et crie :
- Bougez-vous les filles, faut que je me gargarise !

Un garçon écrit à la fille qu'il aime :
Le matin, je ne mange pas car je pense à toi.
A midi, je ne mange pas car je pense à toi.
Le soir, je ne mange pas car je pense à toi.
La nuit, je ne dors pas car j'ai faim !

C'est une bonne sœur qui va trouver la mère supérieure et qui lui dit :
- Ma mère, j'ai un problème. Chaque fois que j'enlève ma petite culotte, il y a une petite boule bleue qui tombe de mon sexe !
La mère répond :
- Je ne sais pas ce que c'est, ma fille, mais ça doit sûrement être médical. Tu devrais aller voir un médecin car après tout, nous sommes des femmes avant d'être des servantes du Seigneur...
Sur ces bonnes paroles, la sœur va voir un médecin et lui raconte son problème :
- Docteur, je ne sais pas ce qui se passe, mais chaque fois que j'enlève ma petite culotte, une petite boule bleue tombe de mon sexe.
Le docteur réfléchit et dit :
- Vous croyez que ça pourrait se passer maintenant ?
La sœur lui répond :
- Je ne sais pas...essayons.
La sœur se déshabille et, au moment ou elle enlève son slip... une petite boule bleue grosse comme un petit pois tombe de son sexe.
Le médecin surpris ramasse la boule avec une pince à épiler et commence à l'examiner :
- Bizarre, on dirait un bout de papier tout chiffonné.
Il déplie le morceau de papier bleu et lit l'inscription marquée en lettres jaunes : "CHIQUITA".

Vous connaissez l'origine du cri de Tarzan ?
Un jour, Jane tombe dans un lac, et comme elle ne sait pas nager, elle appelle au secours.
Tarzan, n'écoutant que son courage, attrape une liane, se lance au-dessus du lac et crie à Jane qui se noie :
- Accroche-toi où tu peux !

Pourquoi les femmes ont-elles deux paires de lèvres ?
- Une pour dire des conneries, l'autre pour se faire pardonner !

Deux vagins discutent :
- Dis, c'est vrai que tu as les lèvres sèches ?
- Quelle est la mauvaise langue qui t'a dit ça ?

Comment s'appelle le fait d'épouser plusieurs femmes ?
- La polygamie.
Comment s'appelle le fait d'épouser 2 femmes ?
- La bigamie.
Comment s'appelle le fait d'épouser une seule femme ?
- La monotonie.

Deux femmes au paradis.

Anne et Alice se retrouvent au paradis. Saint Pierre les interroge sur leur vie et comme elles ont été de bonnes filles, saint Pierre leur dit qu'elles sont acceptées au paradis et qu'il s'occupe d'elles personnellement.

Saint Pierre dit :

- Alice ma fille, asseyez-vous ici pendant que je m'occupe de votre camarade.

Saint Pierre et Anne entrent dans une salle et la porte se referme derrière eux. Après un certain temps, Alice entend un cri terrible « Aaaah ». Elle sursaute et ouvre la porte.

Alice demande :

- Que se passe-t-il ici ?

Saint Pierre répond :

- Rien du tout, tout va bien ce n'est qu'un trou pour l'auréole.

Alice retourne donc s'asseoir. Aussitôt assise, elle entend un autre cri encore plus terrible que le premier « Aaaaah ». Alice sursaute encore, se précipite et ouvre encore la porte.

Alice demande de nouveau :

- Que se passe-t-il encore ici ?

Saint Pierre dit :

- Ce n'est rien, ce ne sont que les trous pour poser les ailes.

Alice rétorque :

- Ce n'est pas possible, je préfère aller en enfer plutôt que de subir cela !

Saint Pierre répond :

- Vous n'y pensez pas, si vous allez en enfer vous allez être violée.

Alice répond d'un grand cri :

- Ce n'est pas grave, les trous sont déjà là !

La différence entre un 69 et conduire dans le brouillard ?

- Dans le 69, tu vois bien le con que tu as devant toi !

Les minijupes, c'est comme les sondages : ça donne des idées mais ça cache l'essentiel !

Un jour, Dieu descend voir Adam et Eve dans le Jardin d'Eden. Il ne trouve qu'Adam qui est tout seul et qui s'ennuie.
- Où est Eve ? demande Dieu.
- Oh, elle a commencé à saigner... Ça lui arrive à peu près tous les mois.
- Et alors, où est-elle ? insiste Dieu.
- Ben, elle est partie à la rivière pour se laver, répond Adam.
- Et zut, répond Dieu, maintenant je n'arriverai plus à enlever l'odeur des poissons.

Quelle est la différence entre une grosse femme et des pantoufles ?
- Aucune, on est bien dedans, mais on ne sort pas avec !

Pendant une dispute, une femme dit à son mari :
- J'étais folle quand je me suis mariée avec toi !
Et le mari répond :
- Je sais, mais comme j'étais amoureux à l'époque, je ne l'avais pas remarqué !

Quelle est la meilleure façon de garder un homme au lit ?
- Mettre la télé dans la chambre à coucher.

Une jeune femme est en consultation chez son psychiatre :
- Docteur, c'est terrible ! Tous mes amis croient que je suis nymphomane !
- Bon, nous allons voir ça, dit le psychiatre. Veuillez vous allonger, je vais vous poser quelques questions à ce sujet..... Mais auparavant, auriez-vous l'amabilité de lâcher mon sexe, je serai plus à l'aise pour vous parler !

Un clochard arrive au paradis, mais saint Pierre lui donne une chance de revenir sur Terre sous la forme d'un objet.
Après quelques instants de réflexion, il se décide pour être réincarné en casserole.
- En casserole ? Mais pourquoi donc ? demande saint Pierre.
- Eh bien, j'ai toujours rêvé d'avoir le ventre plein, le cul au chaud, et la queue dans les mains d'une femme !

Les minijupes, c'est comme un bon discours : ça doit être assez court pour garder l'attention, mais quand même assez long pour couvrir l'essentiel.

Comment reconnaître un aveugle dans une colonie de nudistes ?
- Ce n'est pas dur...

Quelle est la ressemblance entre une police d'assurance et un nudiste ?
- Il y a beaucoup de choses qui ne sont pas couvertes.

Pourquoi une femme met-elle plus de temps à s'habiller qu'un homme ?
- Parce qu'elle doit ralentir dans les courbes.

Sharon Stone arrive au paradis devant saint Pierre :
- Ah non, dit-il, toi, tu ne rentres pas après la vie de luxure et de péchés que tu as menée!
Sharon répond alors, en lui faisant les yeux doux :
- Allons, Pierrot, je serai sage.
- Bon, d'accord, mais à la moindre mauvaise pensée, une trappe s'ouvrira et tu atterriras directement en enfer !
Sharon s'avance alors dans les allées du paradis, d'une démarche sensuelle... Alors on entend derrière elle une trappe s'ouvrir et saint Pierre qui crie :
- Aaaaaaaaaaaaaaaaaaaah !

Quel est le point commun entre un cercueil et une capote ?
- Dans les deux cas, il faut être raide pour y entrer.

Quelle est la différence entre un livre et une femme ?
- Le livre se commence par l'introduction et se finit par l'index, la femme, c'est l'inverse !

Quel est l'animal qui change de sexe à volonté ?
- Le morpion !

Un jeune homme avec une carrière prometteuse devant lui décide un jour de se marier avec une fille respectable. Sa promise a fait toute son éducation dans un couvent. Après la cérémonie, les jeunes mariés prennent la voiture pour rejoindre leur nid d'amour. Ils doivent cependant traverser un quartier de la ville où les prostituées exercent leurs talents.
- Charles-Edmond, que font ces femmes appuyées contre les murs et les lampadaires ?
- Oh, ce sont des femmes qui louent leur corps pour 50 euros.
Alors, la jeune mariée s'exclame :
- 50 euros ! Les pères au couvent, eux, nous donnaient simplement une tablette de chocolat.

Quel est le comble pour les mathématiciens ?
- C'est de ne pas pouvoir expliquer les règles de leur femme !

Une petite fille demande à son père :
- Quelle est la différence entre exciter et énerver ?
Son père réfléchit et lui répond :
- Bien... par exemple, quand j'ai connu ta mère avant notre mariage, elle m'excitait. Tandis que maintenant, elle m'énerve !

Saint Pierre est débordé et par conséquent des erreurs d'inscription dans les nouveaux arrivants se sont produites dans le ciel.
Sœur Béatrice se retrouve en Enfer au lieu du Paradis. Comme pour une garde à vue, Satan lui permet de passer un coup de téléphone.
Elle appelle saint Pierre :
- Saint Pierre, il faut me sortir d'ici, ils ont prévu une orgie pour ce soir !
Saint Pierre lui promet de faire tout son possible pour la sortir de cette situation et il raccroche. Mais saint Pierre est vraiment très débordé, et il oublie Sœur Béatrice... jusqu'au lendemain matin, où en se réveillant, il trouve un message sur son répondeur :
- Salut Pierre ! Ici, c'est Béa. Tu peux laisser tomber pour le transfert...

Pourquoi les filles ne mettent-elles pas de minijupes en hiver ?
- Pour ne pas avoir les lèvres gercées !

Comment appelle-t-on une rousse qui a ses règles?
- Une tourterelle, car son sexe roux coule !

Une dame âgée voyage en train entre Bruxelles et Paris.
Peu avant la frontière belge,
elle s'adresse à son voisin, un prêtre :
- Si vous pouviez mettre cette jolie trousse de toilette que je viens d'acquérir sous votre soutane,
cela m'éviterait de payer une taxe.
- Bien sûr, lui répond le curé, mais je dois vous rappeler que si l'on m'interroge, je ne pourrai pas mentir.
Arrivé à la frontière, le douanier demande :
- Rien à déclarer, mon père ?
- De la tête à la ceinture : je n'ai absolument rien.
- Ah bon, interroge l'homme un peu tatillon, et en dessous ?
- Oh ! En dessous, je n'ai qu'un petit nécessaire pour dame qui n'a jamais servi.

Quelle est la définition de la fidélité ?
- Un manque d'occasions...

C'est un pirate, un vrai, avec une jambe en bois, un bandeau et tout ce qu'il faut. Seulement, il a un menu problème : dès qu'il est dans le noir, il éjacule sans aucun contrôle...
Un jour qu'il était en mer, lors d'une grosse tempête, son bateau coule. In extremis, il trouve un tonneau où il entre pour se laisser dériver. Seulement voilà, dans le tonneau, il fait tout noir... et le tonneau dérive 3 mois (il avait pris des provisions) !
Au terme de ces trois mois, le tonneau s'échoue sur une île inconnue. Le pauvre pirate ressort dégoulinant, je ne vous fais pas un dessin. Il en a partout. Il est heureusement accueilli par quelques bonnes sœurs. Elles le logent, le nourrissent, le blanchissent.
Jusqu'au jour où une bonne sœur tombe enceinte.
La mère supérieure entre dans la chambre du pirate :
- On vous offre l'hospitalité, et vous, vous violez une religieuse ? C'est honteux !
- Non, ma mère, je vous jure...
- Ne vous moquez pas de moi ! Si vous recommencez, vous serez remis à la mer !
Le pirate ne comprend pas. En fait, ce n'est pas faute d'essayer, mais aucune religieuse n'a cédé à ses avances. Et pourtant, un mois plus tard, rebelote !
- Alors, monsieur le pirate ! Ça commence à bien faire ! Vous avez encore rendu une nonne enceinte !
C'est forcément vous car vous êtes le seul homme sur cette île !
- Mais...
- Il suffit !
Et la mère supérieure l'expulse dans une cabane, enfermé 24h sur 24.
Pourtant, 45 jours plus tard, une troisième bonne sœur est de nouveau enceinte.
La mère supérieure lui demande alors :
- Pirate, il faut m'expliquer maintenant. Je vous ai enfermé. Alors comment êtes-vous parvenu à rendre cette troisième religieuse enceinte ?

- Mais non, je ...
- Allez, franchement...
- Au fait, mon tonneau, qu'est-ce que vous en avez fait ?
- Des bougies, pourquoi ?

C'est une jeune femme qui consulte un sexologue parce qu'elle pense qu'elle est frigide.
En effet, jusqu'à présent, aucun des hommes qu'elle a rencontrés n'est parvenu à lui procurer la jouissance tant espérée.
Il faut dire que la dame recherche un homme bien équipé.
D'ailleurs, elle demande au sexologue :
- Si on pouvait juger des possibilités sexuelles d'un homme rien qu'en le regardant, comme cela serait chouette !
Et le sexologue lui répond :
- Mais vous le pouvez ! Il vous suffit de regarder la taille de ses pieds. Un homme aux longs pieds est le gage d'une sexualité exacerbée.
Le jour même, la dame s'en va à la recherche de gars aux grands pieds.
Dans toutes les files d'attente, elle se met à observer la taille des chaussures. Finalement, au supermarché, elle trouve un gars qui attend son tour devant la boucherie.
L'homme chausse aussi grand qu'un basketteur, et comme il est plutôt beau gosse, elle se met à le draguer.
Quelques heures plus tard, ils sont en train de dîner chez lui, et un peu plus tard, ils passent au lit.
Le lendemain matin, lorsque le gars se réveille, la jeune femme est déjà partie.
Sur la table de nuit, il voit un billet de 100 euros et un petit mot griffonné sur du papier qui dit :
- Avec mes compliments. Prenez ces 100 euros et allez vous acheter des chaussures à votre pointure.

Un journaliste interroge un prêtre :
- Pensez-vous que le mariage des prêtres sera autorisé par le Vatican ?
- De mon vivant, je ne pense pas, mais pour mes enfants peut-être...

C'est l'histoire de trois gars qui couchent dans la même tente.
Au petit matin, l'un des trois raconte aux autres qu'il a rêvé qu'on lui caressait le zizi !
Un des autres s'exclame que lui aussi a rêvé de ça !
Le gars qui a dormi dans le milieu dit alors :
- Moi, j'ai rêvé que je faisais du ski de fond !

Ce matin, le petit village est en émoi...
Imaginez donc, le Diable en personne est venu rendre visite aux habitants !
Et, comble du sacrilège, il est, en ce moment, perché en haut du clocher de l'église.
Tout le village est donc rassemblé autour de l'église pour observer cette apparition démoniaque.
Le curé aussi regarde, éberlué, le Démon. Et bizarrement, la première question qui lui vient à l'esprit est :
- Mais, comment est-il monté ?
Alors, l'une de ses paroissiennes, ayant entendu la question, répond en rougissant et en baissant la tête :
- Comme un taureau, mon père...

C'est l'histoire d'une fille qui tombe follement amoureuse d'un Grec. Un jour, ils décident de se marier. Du coup, la mère fait à sa fille toutes sortes de recommandations et notamment celle-ci, sur laquelle elle insiste particulièrement :

- Quoi qu'il arrive, ma fille, surtout n'accepte jamais de te retourner en sa présence.

Ils se marient et coulent des jours heureux jusqu'à ce qu'un soir, pendant leurs ébats, le Grec demande à sa femme :

- S'il te plait, chérie, retourne-toi !

Soudain la fille repense aux paroles de sa mère et réagit sauvagement :

- Non, non, surtout pas, ma mère m'a interdit de me retourner non, non...

Le Grec dit alors à son épouse :

- Ben quoi ? Tu n'as pas envie d'avoir des enfants ?

Dans un train se trouvent un curé, un vieux et une superbe fille, grand décolleté, jambes superbes hautement croisées.
Le vieux se rappelle le bon temps, mais...
Le curé reste impassible.
Quand la fille part, le vieux s'adresse alors au curé :
- Ah, mon père, vous ne connaissez pas les tourments de la chair, vous !
- Ça mon fils... Si j'avais eu une soutane en bronze, vous auriez entendu l'angélus !

Deux femmes un peu vulgaires, il faut le dire, discutent comme le feraient deux femmes inactives en train de propager les ragots du quartier...
Par la fenêtre, l'une des deux aperçoit son époux rentrant de son travail, un bouquet de fleurs à la main.
Elle en avise son amie en ces termes :
- Oh zut ! Voilà mon mari avec des fleurs, il va encore falloir que j'écarte les cuisses !
Et son amie lui répond :
- Ben pourquoi, tu n'as pas de vase ?

Quelle est la différence entre une nana curieuse et une salope dans un train ?
- La nana curieuse va voir dans la queue du train s'il y a des nouvelles têtes, la salope va voir dans la tête du train...

Comment caresser une femme dans 16 départements à la fois ?

Il faut d'abord trouver une femme dans la Moselle, s'assurer qu'elle est Seine et bien en Cher. Lorsque l'on sent son Eure venue, on commence par lui caresser le Haut-Rhin, puis on descend vers le Bas-Rhin. On contourne alors l'Aisne pour entrer dans la Creuse. Là, on trouve quelque chose de bien Doubs... Sans perdre le Nord, on attend que ça Vienne et si on ne se débrouille pas comme un Manche, on peut y rester jusqu'à l'Aube. En Somme, il ne s'agit Pas-de-Calais pour être un Hérault.

Un prêtre et une religieuse traversent le désert sur le dos d'un chameau.
Au beau milieu de la traversée, le chameau tombe gravement malade.
Du coup, ils décident de s'arrêter pour le bivouac en espérant que quelqu'un passera et leur viendra en aide.
Cependant, personne ne passe, et bientôt, le chameau meurt.
Naturellement ils prient beaucoup pour sortir de leur situation critique.
Au cours de la discussion, le curé dit à la religieuse :
- Vous savez, ma sœur, je suis maintenant tout près de la mort, et il y a une chose que j'ai toujours voulu voir dans ma vie sans que cela soit possible, c'est voir une femme nue. Cela vous embêterait-il d'ôter vos vêtements pour moi ?
La religieuse réfléchit un instant à sa demande, puis décide d'enlever ses vêtements. Ce faisant, elle dit au curé :
- Mon père, maintenant que je vais apparaître nue devant vous, je peux vous avouer que, moi non plus, je n'ai jamais vu d'homme nu... Voudriez-vous ôter vos vêtements pour moi ?
Le prêtre accepte en rougissant. Lorsqu'ils sont tous les deux nus, la religieuse s'exclame :
- Mon père ! Cette chose qui pend entre vos jambes, à quoi sert-elle ?
Le prêtre répond doucement :
- Ça mon enfant, c'est un cadeau de Dieu. Si je l'introduis en vous, il pourra créer une nouvelle vie.
- C'est vrai ? répond la religieuse.
Et elle ajoute alors :
- Oubliez-moi. Allez l'introduire dans le chameau !

Connaissez-vous le point commun entre une femme et une piscine ?
- Elles coûtent chères à l'entretien pour le peu qu'on est dedans.

La difficulté pour les célibataires, c'est de déshabiller les femmes. Pour les maris, c'est de les habiller.

Une jeune femme mignonne et court-vêtue se présente pour un emploi.
La candidate :
- Oui, Monsieur, j'ai perdu mon précédent emploi suite à une restructuration et à une compression du personnel, mais mon ancien patron m'a écrit une lettre de recommandation !
Le patron :
- Puis-je voir cette lettre ?
La candidate :
- Oui, je l'ai ici.
Le patron déchire l'enveloppe et lit ceci :
- Je vous recommande vivement cette secrétaire qui tape à la machine à la vitesse de l'escargot, qui fait plein de fautes d'orthographe, qui ne range jamais un document convenablement Mais... qui est la meilleure faiseuse de pipes que j'aie connue de toute ma vie.
Le patron :
- OK, vous êtes engagée !
Quelques jours plus tard, il se dit qu'il doit au moins passer un coup de fil à l'ancien patron de cette nouvelle secrétaire pour le remercier du bon tuyau :
- Dites, merci pour la lettre de recommandation que vous avez donnée à votre ancienne secrétaire, je l'ai engagée immédiatement en lisant ce que vous disiez d'elle !
L'ancien patron s'étonne alors :
- Une lettre de recommandation, mais je n'ai jamais écrit de lettre de recommandation, moi !

Pourquoi les hommes ne peuvent-ils pas attraper la maladie de la vache folle ?
- Parce que les hommes sont des cochons !

Un ventriloque et une femme enceinte voyagent dans un compartiment de train.
La femme est tranquillement occupée à lire quand l'homme dit avec une voix de bébé :
- Maman ?
La femme lève la tête, ne voit rien.
- Maman ?
- Vous avez entendu, demande la femme.
- Oui, je crois bien.
- Maman ?
- Mais, c'est toi, mon petit ?
- Oui, c'est moi, maman.
- Monsieur, vous avez entendu, c'est extraordinaire. Mon enfant me parle.
- Merveilleux, je n'ai jamais vu ça, répond le ventriloque.
- Mon petit, tu vas bien?
- Oui maman, très bien.
- Et tu veux quelque chose ?
- Oui maman.
- Qu'est-ce que tu veux, mon chéri ?
- Je voudrais serrer la main au monsieur.

Une femme sans seins, c'est comme un jean sans poches, on ne sait pas où mettre les mains !

Deux amis discutent ensemble :
- Tu devrais rencontrer ma femme. Elle est médium et peut me dire l'avenir.
- Ben t'as de la chance, la mienne elle est extra-large et elle ne me dit plus rien.

C'est l'histoire d'un homme fort riche, mais malheureusement fort gros. Son médecin lui conseille de suivre un régime. C'est pourquoi, il décide d'aller dans un de ces nouveaux centres d'amaigrissement très moderne et très cher.
Il pénètre donc dans un de ces lieux, une hôtesse l'accueille :
- Nous pouvons vous proposer 3 types de régime :
le régime à 500 euros pour perdre 3 kilos,
le régime à 1000 euros pour perdre 8 kilos,
le régime à 1500 euros pour perdre 15 kilos.
L'homme décide donc :
- Ah, je vais commencer par celui à 500 euros, pour voir.
L'hôtesse lui explique :
- Eh bien, c'est simple, à chaque porte correspond un régime, vous entrez dans la première pièce, et quand vous en ressortez, vous avez perdu 3 kilos.
En effet sur le mur en face de lui, il y a 3 portes, il paye, et rentre donc par la première.
C'est une salle immense, en face de lui une superbe jeune fille lui crie :
- Si tu m'attrapes, tu me fais ce que tu veux !
Et l'homme court, mais la fille est agile. Pendant des heures, il court pour l'attraper. En fin de compte, il y parvient et lui fait ce qu'il veut.
En sortant de la salle, il se pèse et constate qu'il a perdu 3 kilos.
Tout heureux, mais épuisé, il rentre chez lui.

Il décide de continuer ce régime. Il revient donc, et il se dit que le régime numéro 2 doit être encore mieux. Il choisit donc la deuxième porte.
C'est aussi une salle aussi immense, mais là, il y a deux jeunes filles aussi superbes.
Et là, même cinéma, je ne rentrerai pas dans les détails, si ce n'est qu'il parvient à ses fins.
En sortant, il a effectivement perdu ses 8 kilos.
Il décide donc de revenir, pour essayer la troisième porte. Il imagine déjà la terrible partouze !
Il rentre donc dans la troisième salle. Mais là, surprise ! La salle est minuscule et il entend derrière lui, un molosse crier :
- Si je t'attrape, je te fais ton affaire !

Quelle est la matière idéale pour fabriquer un préservatif ?
- La peau de souris, pour attirer les chattes !

Deux filles délurées discutent :
- Tu te rends compte, Jean-Claude m'a dit en pleine rue : « je veux te baiser tout suite, à fond ! »
- Ah oui ? Tu as accepté ?
- Tu me prends pour une pute ? Il a attendu qu'on soit dans la voiture !

Deux filles discutent :
- Je ne suis pas curieuse, mais j'aimerais quand même bien savoir le nom de la personne avec qui j'ai couché tout à l'heure.

La meilleure voiture du monde, c'est la femme !

En voici les raisons :

1. Elle démarre sans manivelle, au doigt.
2. Elle marche avec les sens.
3. Elle est utilisable avec ou sans capote.
4. On la monte sans permis.
5. Toutes les bougies s'y adaptent.
6. Elle se graisse automatiquement quand le gicleur est à fond.
7. Elle se vidange tous les mois.
8. A l'état normal, elle fait du 69.
9. Bien réglée, elle fait du 100.
10. En cas d'incendie, elle fait le pompier.
11. On peut la monter par devant et par derrière.
12. Bien gonflée, elle tient neuf mois.
13. Bien chauffée, bien rodée, elle tire convenablement.
14. Dans tous les pays, elle jouit d'une flatteuse réputation.
15. Elle possède un double airbag en série.

Qu'est-ce qu'un combat de castrats ?
- Un combat sanglant (sans gland).

Pendant une petite pause, entre deux prières au couvent, trois sœurs discutent assez sévèrement de la conduite douteuse du prêtre qui dit la messe dans la chapelle chaque jour.
La première explique :
- Il y a deux semaines, en nettoyant sa chambre, j'ai trouvé des revues érotiques dans le tiroir de sa table de nuit.
Evidemment les deux autres sont scandalisées :
- Et qu'en as-tu fait ?
- Je les ai immédiatement jetées aux ordures !
La seconde sœur raconte :
- C'était à mon tour de faire sa chambre la semaine passée. En rangeant son armoire, j'ai découvert des préservatifs...
Offusquées, les deux autres :
- Et qu'en as-tu fait ?
- Je lui ai joué un bon tour, raconte-t-elle, j'ai percé tous les préservatifs avec une aiguille.
Et tout à coup, la troisième religieuse s'évanouit.

Une prostituée va voir son gynécologue.
Celui-ci lui demande :
- Vous perdez beaucoup pendant vos règles ?
- Bof ! 300 ou 400 euros.

Pourquoi les sourdes-muettes portent-elles des culottes transparentes ?
- Pour qu'on puisse lire sur leurs lèvres !

Un jeune couple belge vient de se marier et les tourtereaux ont décidé de passer leur lune de miel aux Antilles.
Au petit matin, ils laissent les invités et hop, décollage de Zaventem, arrivée Pointe-à-Pitre.
Une petite sieste de récupération suite au voyage, et voilà la nuit de noces.
Le jeune homme fait l'amour à sa femme, mais aucune réaction de sa part : elle semble totalement frigide !
La nuit suivante, les amoureux essayent à nouveau, et la nuit d'après encore, mais rien n'y fait. Quels que soient les efforts déployés par l'amoureux, sa belle reste de marbre.
Après en avoir discuté ensemble, les jeunes mariés décident de consulter un marabout-sexologue local.
L'autochtone leur dit :
- Bon écoutez, je vois ce que c'est et je peux vous dire qu'on va résoudre le problème de votre dame très rapidement. C'est une technique locale et ça ne va pas vous coûter cher. Tout ce qu'il faut, c'est que vous fassiez l'amour à votre femme pendant que moi je suis à vos côtés en train de brasser l'air avec une feuille de palmier. Vous allez voir, avec une bonne ventilation naturelle, on parvient à faire des miracles.
Tout d'abord sceptique, le couple belge finit par accepter.
Une fois dans la chambre d'hôtel, les amoureux passent rapidement à l'action. Au-dessus d'eux, le marabout secoue la feuille de palmier de temps en temps pour faire courant d'air. Mais toujours aucune réaction de la jeune épouse !
A ce moment-là, le marabout dit :
- Ce n'est pas grave, j'ai une autre solution : on va inverser les rôles tous les deux, moi je fais l'amour à votre femme, et vous, vous remuez la feuille de palmier.
Le Belge rechigne un peu, puis finit par accepter.
Mais là, la fille prend son pied avec de multiples orgasmes et tout et tout !
Voyant ça, le jeune gars avec sa feuille de palmier s'exclame :
- C'est pas pour être raciste, mais les Antillais, pour remuer les feuilles de palmiers, ce sont vraiment des incapables !

Un jour, une petite qui joue calmement voit par hasard son père tout nu.
Surprise, elle lui demande :
- Papa, c'est quoi les deux boules que tu as entre les jambes ?
Le père répond maladroitement :
- Ce sont des abricots ! Et maintenant, va jouer ailleurs !
La petite obéit et sort immédiatement. Quelques instants plus tard, elle rencontre sa mère dans la cuisine. Fière d'elle, elle lui dit :
- Maman, j'ai vu les 2 abricots de papa !
Et la mère lui demande :
- Et tu as aussi vu la branche morte qui les supporte ?

Un vieux couple va passer une visite médicale chez le médecin. L'homme passe en premier, tout se passe bien et le docteur lui demande s'il n'a pas de problème particulier.
L'homme répond :
- Si, une chose me tracasse, quand je fais l'amour à ma femme la première fois, j'ai chaud et je suis moite, et quand je lui fais l'amour la deuxième fois, je suis glacé.
- Intéressant, c'est la première fois que j'entends parler d'un cas semblable, je vais me renseigner et j'essayerai de remédier à ce problème, répond le docteur.
Après avoir examiné la femme, il lui pose la même question et elle lui répond qu'elle n'a pas de problème particulier.
- Votre mari m'a parlé d'un problème, quand il vous fait l'amour la première fois, il a chaud et il est moite, et quand il vous fait l'amour la deuxième fois, il est glacé. Vous savez pourquoi ?
- C'est simple, la première fois, c'est en juillet et la deuxième, c'est en décembre.

Quelle est la différence entre une porte en chêne et une nymphomane?
- La porte ne dit pas encore quand tu la défonces !

Une riche veuve décide qu'elle a besoin d'un autre homme dans sa vie. Elle fait passer une annonce dans les journaux :
RICHE VEUVE RECHERCHE UN HOMME POUR PARTAGER SA VIE ET SA FORTUNE avec les qualités suivantes :
1. Ne pas me battre.
2. Ne pas partir en courant.
3. Devra être super au lit.
Pendant plusieurs mois, son téléphone n'arrête pas de sonner, ainsi que la sonnette de sa porte, elle reçoit des tonnes de courrier... mais sans résultat.
Aucun des hommes ne semble répondre à ses critères.
Et un jour, on sonne de nouveau à la porte. Elle ouvre et voit un homme sans bras ni jambes, couché sur le paillasson. Perplexe, elle demande :
- Qui êtes-vous et que voulez-vous ?
- Bonjour, dit l'homme. Ne cherchez plus, je suis l'homme de vos rêves. Je n'ai pas de bras, donc je ne peux pas vous battre et puisque je n'ai pas de jambes, je ne peux pas partir en courant.
La femme demande :
- Qu'est-ce qui vous fait penser que vous êtes super au lit ?
Il répond alors :
- J'ai quand même réussi à sonner à la porte, non !

Qu'est-ce qui est ovale, toujours mouillé avec du poil autour ?
- L'œil !

Qu'est-ce qui est rose, qui mesure 5cm plié et 15cm déplié, et qui fait rêver les jeunes filles ?
- Le permis de conduire !

Un homme et une femme sont séparés depuis quelques mois, mais ils sont restés bons amis et ils vivent d'ailleurs encore dans le même immeuble.
Un beau matin de janvier, l'homme glisse sur une plaque de verglas et se rompt le bras. Son ex-femme, qui sortait au même moment de l'immeuble, l'aide à se relever et le ramène dans son appartement pour lui apporter les premiers soins et appeler le médecin.
- Je peux faire quelque chose d'autre pour toi ? lui demande-t-elle.
- Oui, répond-il, tu pourrais m'aider à prendre un bain : j'ai des éraflures et de la boue partout... et avec mon bras cassé, ça ne va pas être facile !
La fille accepte sans faire de difficultés. Elle l'aide à entrer dans la baignoire et le savonne doucement, lorsqu'elle aperçoit le début d'une érection :
- Oh, comme c'est romantique, minaude-t-elle, regarde, on dirait qu'il m'a reconnue !

Quel est le code secret d'une pucelle ?
- 6973, parce que si c'est neuf, c'est étroit (six et neuf sept et trois).

Pourquoi les femmes en Iran marchent-elles en zigzags ?
- Parce qu'elles sont voilées !

C'est un cours de sciences naturelles, et l'instituteur a choisi de parler des métaux et de leur valeur respective.
- Alors les enfants, d'après vous, quel est le métal le plus précieux qu'on puisse trouver ?
Kévin lève la main :
- Je pense que c'est l'or, parce qu'avec un lingot d'or on peut s'acheter une Renault Kangoo !
L'instituteur acquiesce et donne la parole à Laetitia qui lève le doigt :
- Moi, je pense que c'est la platine, parce qu'avec un lingot de platine, on peut s'acheter une Porsche.
L'instituteur sourit et invite Toto, tout excité comme d'habitude, à parler :
- Eh bien, pour moi, le métal le plus précieux, c'est le silicone !
- Ah oui, tu sais que c'est vrai. C'est un métal extrêmement précieux. Et peux-tu expliquer à tes petits camarades pourquoi il est si précieux que ça ? demande le professeur narquois.
- Bah, c'est simple : ma mère en a deux poches sur elle en permanence, et vous devriez voir toutes les voitures de sport qu'il y a toujours devant la maison !

Quelle est la ressemblance entre un jeune chiot et un gynécologue myope ?
- Les deux ont le nez humide !

Pendant un cours sur la sexualité à l'université, le professeur épluchait les résultats d'un rapport.
A titre d'anecdote, il cita le cas d'une femme qui avait révélé parvenir à plusieurs centaines d'orgasmes durant une seule nuit.
Dans l'auditoire impressionné, une voix masculine s'éleva :
- Oh la vache, j'aimerais bien connaître cette fille-là !
Et aussitôt après, une voix féminine répondit :
- Tu parles ! Moi je préférerais connaître le type avec qui elle couchait !

Un homme va à la plage et se déshabille complètement.
A ce moment, une petite fille arrive et lui pose la question attendue :
- Qu'est-ce que c'est ça ?
L'homme lui répond :
- C'est mon petit canard.
La petite fille s'en va et l'homme s'endort sur la plage pour se réveiller à l'hôpital avec un pansement énorme sur le sexe lui faisant un mal du diable. Affolé, il demande à une infirmière le pourquoi du comment.
Et l'infirmière lui répond qu'elle n'en sait rien, mais que par contre une petite fille a tout vu.
La petite fille qui est celle rencontrée sur la plage arrive et explique ce qui s'est passé :
- Je ne comprends pas dit-elle, j'ai voulu dire bonjour au petit canard, alors je lui ai caressé la tête et à ce moment-là, il s'est dressé et m'a craché à la figure ! Croyant qu'il voulait m'attaquer, je lui ai tordu le cou, j'ai cassé ses œufs et mis le feu à son nid.

Demande d'augmentation de la part du pénis :

Le soussigné, Pénis, demande une augmentation de salaire pour les raisons suivantes :

1. J'effectue un travail très physique.
2. Je travaille à de grandes profondeurs.
3. Je travaille dans des lieux fortement humides.
4. Je travaille dans des lieux obscurs et non ventilés.
5. Je travaille à de hautes températures.
6. Je suis exposé à des maladies contagieuses.
7. Je ne bénéficie d'aucun repos hebdomadaire ni des jours fériés.
8. Je ne suis pas payé pour les heures supplémentaires ni pour le travail de nuit.

Réponse de l'administration :

Tenant compte des points soulevés dans votre demande et des arguments exposés, l'administration rejette les exigences présentées pour les raisons suivantes :

1. Vous ne travaillez pas pendant huit heures consécutives.
2. Vous dormez sur le lieu de travail après une très brève prestation.
3. Vous n'êtes pas à même de toujours satisfaire les exigences présentées par votre chef(fe).
4. Vous n'êtes pas toujours fidèle à votre poste de travail, vous vous baladez parfois dans d'autres départements.
5. Vous vous reposez bien avant l'heure.
6. Vous ne prenez pas d'initiatives. Pour que vous travailliez, il faut vous stimuler et exercer des pressions à votre encontre.
7. Vous négligez la propreté et l'ordre du lieu une fois votre travail terminé.
8. Vous ne respectez pas toujours les règles relatives à l'usage de moyens de protection et d'hygiène sur le lieu de travail.

9. Vous n'attendez pas votre retraite pour vous retirer.
10. Vous n'arrivez pas à effectuer deux services consécutifs.
11. Vous quittez très souvent votre poste de travail alors qu'il y a encore du pain sur la planche. Et, comme si ce n'était pas suffisant, vous n'arrêtez pas de rentrer et de sortir de votre bureau avec deux sacs remplis de choses douteuses.

Un homme âgé est marié à une jeune et belle femme. Un jour, après plusieurs belles années de mariage, il a une attaque cardiaque.
Le docteur l'avise que pour prolonger sa vie, il devrait s'abstenir d'avoir des rapports.
Les deux époux discutent et décident que le mari dormirait en bas dans le salon afin d'éviter toute tentation.
Une nuit, après plusieurs semaines d'abstinence, il se dit que la vie sans sexe est une vie ennuyeuse. Il décide de rejoindre sa femme dans la chambre au premier étage.
Quand soudain, il la croise dans les escaliers et lui dit :
- Je montais pour mourir....
Elle répond :
- Je descendais pour te tuer...

Quelle est la différence entre une femme et une paire de lunettes ?
- C'est simple, il n'y en a pas, il faut les écarter toutes les deux pour les enfiler !

C'est un gars qui rend visite à un ami. Le pauvre est paralysé suite à un accident de voiture. Les deux hommes papotent un peu dans le salon, et puis au bout d'un moment, celui qui est impotent dit à son ami :
- Dis-moi, tu veux bien monter là-haut pour me chercher mes charentaises ? J'ai oublié de les mettre à mes pieds quand tu es arrivé.
Le gars monte à l'étage sans se faire prier et il tombe sur les deux filles de son ami, deux superbes nanas en peignoir de bain qui venaient juste de prendre leur douche. Dragueur dans l'âme, il attaque à fond :
- Bonjour les filles. C'est votre papa qui m'envoie pour vous faire l'amour à toutes les deux !
Les deux filles le regardent, interloquées :
- Impossible ! Papa n'aurait jamais dit une chose pareille !
- D'accord, répond l'ami en souriant, On va vérifier !
Alors il se retourne et interpelle son ami au bas de l'escalier :
- Toutes les deux ?
- Ben oui, les deux évidemment !

Deux dames discutent :
- Tu as déjà vu le visage de ton mari en faisant l'amour ?
- Une fois, oui, il me regardait justement par la fenêtre de la chambre à coucher, et il était très en colère...

Pourquoi les petits nains ont-ils toujours le sourire sur les bûches de Noël ?
- Parce qu'ils savent qu'à la fin du repas, ils se font toujours sucer.

Un homme entre dans une pharmacie pour acheter des préservatifs. Mais elle est tenue par une femme et, un peu gêné, il lui demande :
- Je voudrais une boîte de... de petits manteaux. Vous voyez ce que je veux dire ? Enfin, petits, c'est une façon de parler...Donnez-moi une grande taille... la plus grande taille !
La pharmacienne va chercher la boîte et la lui tend en disant :
- Si vous avez besoin d'un col en fourrure pour votre manteau, je ferme à sept heures...

C'est l'histoire de trois petites puces qui veulent savoir ce qui se passe quand un homme et une femme font l'amour. La première va au-dessus de l'armoire, la deuxième va sous le lit et la troisième va dans le lit. Le lendemain matin, les trois puces se retrouvent et disent ce qu'elles ont vu.

La première dit :

- Je n'ai vu que des draps bouger.

La deuxième dit :

- Je n'ai vu et entendu que des ressorts bouger.

La troisième dit :

- Je me promenais dans une forêt, puis j'ai trouvé une grotte et là, un serpent est entré et m'a craché dessus !

Pourquoi tant d'hommes ont-ils les jambes arquées ?
- Les choses sans importance sont toujours mises entre parenthèses.

Un jeune homme se rend à la pharmacie pour acheter des préservatifs.
Devant la grande sélection disponible, il demande l'aide du pharmacien en poste. Le pharmacien lui explique les différences, lui montre les modèles à nervures, ultra-minces, lubrifiés, etc.
- Je vais prendre le modèle de luxe extra-plaisir, super sensation, ultra nervure avec lubrifiant, dit le jeune homme d'une manière vantarde. Voyez-vous, j'ai mon premier souper chez les parents de ma nouvelle amie et après le souper, nous allons fêter... et je sens que ce soir, c'est le soir. Elle n'est pas mal chaude et j'ai bien l'intention de me payer une bonne baise, si vous voyez ce que je veux dire.
Il ajoute en faisant un clin d'œil au pharmacien :
- Cela va chauffer toute la nuit !
Je vais prendre une boîte de 12 !
Le soir, il arrive chez les parents de son amie et pendant le souper il est très silencieux, réservé, regarde toujours dans son assiette et prend bien soin de ne pas se tenir trop proche de sa petite amie. Vers la fin du souper, elle se penche vers lui et chuchote :
- Je ne savais pas que tu étais si timide.
Le jeune homme lui répond :
- Je ne savais pas que ton père était pharmacien !

Quelle est la différence entre " Oooh ! " et " Aaah ! " ?
- À peu près 5 centimètres.

Lors d'un examen, un professeur d'anatomie interroge une jeune élève infirmière :
- Quelle est la partie du corps qui se dilate jusqu'à atteindre 7 fois sa taille initiale ?
La jeune femme commence à rougir et à balbutier de manière inintelligible...
Le professeur lui dit alors :
- Je vous interromps tout de suite, Mademoiselle. Je crois que vous faites fausse route...Il s'agit de la pupille ! Et d'ailleurs, je crois que vous allez au devant de grandes désillusions !

Une vieille bonne sœur de passage à Paris se retrouve par hasard rue Saint-Denis. Elle va demander à une pute pourquoi il y a autant de filles qui attendent Dieu sait quoi.
La pute, ennuyée, lui répond :
- Il y a une distribution de sucettes au bout de la rue.
Tout à coup arrive un car de police qui embarque tout le monde, la bonne sœur y compris.
Au commissariat, l'inspecteur n'en croit pas ses yeux :
- Ma sœur, que faisiez-vous dans la rue, à votre âge ?
Et la bonne sœur rétorque :
- Ben quoi "à mon âge" ? J'ai plus de dents, mais je peux encore en sucer quelques-unes !

Quelle est la différence entre un poulet rôti et une fille bronzée ?
- Aucune. Dans les deux cas, c'est le blanc le meilleur.

Un homme, soupçonneux et jaloux, demande à sa femme :
- Combien de fois m'as-tu trompé depuis que nous sommes mariés ? Réponds-moi !
Sa femme le regarde, abasourdie et lui lance :
- Tu ferais mieux d'aller prendre une douche bien froide pour te calmer.
Le gars s'exécute.
Il revient et voit sa femme assise au bord du lit, l'air pensive. Il lui dit alors :
- Chérie, excuse-moi, je ne devrais pas...
- Chut ! Ne me dérange pas, je suis en train de compter !

Pendant qu'elle se baladait dans la rue, une belle jeune femme se rend compte qu'elle est suivie depuis 20 minutes par un aussi beau jeune homme.
Troublée et après quelques instants de réflexions, elle se retourne et dit au jeune homme :
- Tout de même, monsieur, vous n'allez pas me suivre jusque chez moi, au numéro 21 de cette rue,
3e étage, chambre 305, la 5e porte au fond à droite après l'ascenseur...

Deux Suisses se rencontrent :
- Salut Alain ! Dis-moi, est-ce que ça te plairait une partouze ce soir ?
- Une partouze ? Bien sûr que cela me plairait. Combien de personnes serons-nous ?
- Ben, si ta femme vient, nous serons trois.

- Dis maman, demande un petit garçon, c'est vrai que je suis né dans un œuf ?
- Bien sûr que non, mon chéri ! Qui a pu te faire croire une chose pareille ?
- Eh ben, tout à l'heure, quand je suis rentré de l'école, la concierge a dit à la voisine : «Tiens, voilà le fils de la poule du cinquième ! »

Un couple, marié depuis 15 ans, vient de se mettre au lit. Madame s'apprête à s'endormir alors que monsieur lit un bouquin.
Tout à coup, le monsieur laisse la main qui ne tient pas le livre se "balader" jusqu'au sexe de sa femme, et pendant quelques secondes, il se livre à quelques caresses. Puis il s'arrête.
Sa femme se retourne vers lui et lui demande :
- Et alors, c'est tout ?
- C'est tout quoi ? répond le mari.
- Eh bien, tu me caresses 5 secondes et puis tu t'arrêtes... C'est un peu court, non ?
- Oh, je voulais juste mouiller mes doigts pour tourner les pages...

Pourquoi les préservatifs de couleur noire se vendent-ils très mal ?
- Parce que le noir amincit.

Si ma tante en avait, on l'appellerait mon oncle. Et si mon oncle en était, ce serait une tante.

Un soir, un pompier rentrant du boulot dit à sa femme :
- Tu sais, à la caserne, on a un système efficace.
A la première sirène, on s'équipe ;
à la deuxième sirène, on se laisse glisser le long du mât ;
à la troisième, il faut qu'on soit prêt à partir dans les camions.
Alors voilà, à partir de maintenant, on va faire pareil à la maison :
quand je dis « première sirène », tu te déshabilles ;
quand je dis « deuxième sirène », tu sautes dans le lit ;
et quand je dis « troisième sirène », on s'y met pour la nuit.
Le soir suivant, le pompier rentre de la caserne et hurle :
- Première sirène !
Et sa femme se déshabille en vitesse.
- Deuxième sirène !
Et sa femme plonge sous les couvertures.
- Troisième sirène !
Et ils commencent à faire l'amour.
Après deux minutes d'activité, sa femme hurle :
- Quatrième sirène !
Le mari demande :
- C'est quoi la quatrième sirène ?
Et son épouse répond :
- Rajoute du tuyau, t'es trop loin du feu !

- Docteur, dit un homme à son médecin, je ne vais pas bien du tout.
- Allons, allons ! fait le médecin, je vous connais ! Vous êtes solide comme un chêne !
Le patient lui répond :
- Justement, docteur. C'est du côté du gland que ça va mal !

Avant de passer à l'acte, deux jeunes se confient l'un à l'autre :
- Vous savez, avant de pousser plus avant notre relation, je voudrais vous prévenir que je suis encore très juvénile, comme un bébé même. J'ai un tout petit sexe...confie la jeune fille.
- Mais, rassure-t-il, moi aussi j'ai un sexe comme un nouveau-né...
Arrivés dans une chambre d'hôtel, la jeune fille se laisse déshabiller, doucement, langoureusement entre deux baisers fougueux, et finalement, nue comme un ver s'offre au regard de son nouveau compagnon. Effectivement, elle est comme un bébé, complètement imberbe et sans seins.
- Ah ! ... s'exclame-t-il un peu déçu.
Puis elle le déshabille avec l'empressement nécessaire dans les cas d'urgence, et c'est là, qu'elle a un mouvement de surprise devant le sexe de l'homme.
- Mon Dieu, s'exclame-t-elle surprise à son tour, vous m'aviez dit que vous aviez le sexe comme un bébé ?
- Eh oui, je ne vous ai pas menti, il est comme un nouveau-né : 50 centimètres, 3,5 kilos !

Quelle est la différence entre le président chinois Zemin et l'ancien président des Etats-Unis Clinton ?
- Le premier a une secrétaire qui mange à la baguette, l'autre à la braguette !

Toto demande à son père :
- Dis papa, comment ça s'écrit « clitoris » ?
- Et bien, c'est une question que tu aurais dû me poser hier soir, je l'avais sur le bout de la langue....

Trois candidates patientent devant la porte du Paradis.
Trois nonnes fraîchement décédées qui se préparent à subir l'examen d'entrée.
- Que représente Noël ? demande saint Pierre à la première.
- Facile ! L'anniversaire de la naissance du Christ.
Une sonnerie retentit et la porte s'ouvre devant la première candidate.
- Que représente Pâques ? demande saint Pierre à la deuxième.
- Facile ! L'anniversaire de la résurrection du Christ.
Une sonnerie retentit et la porte s'ouvre devant la deuxième candidate.
- Quels sont les premiers mots qu'Eve a adressés à Adam ? demande saint Pierre à la troisième.
- Dure ! Elle est raide celle-ci !
Une sonnerie retentit et la porte s'ouvre devant la troisième candidate.

Deux femmes sont chez le vétérinaire. Elles sont assises chacune avec leurs chiens, et se regardent de temps en temps.
La première femme (snob) s'adresse à la deuxième :
- Vous savez, mon chien n'est pas malade. C'est qu'il a une mauvaise habitude... Lorsqu'il y a de la visite à la maison, il "s'excite" contre la jambe de nos visiteurs et c'est très désagréable pour eux. Alors, je viens le faire opérer.
Un instant passe, et la deuxième (tout aussi snob) s'adresse à la première :
- Vous savez, mon chien non plus n'est pas malade. C'est que, voyez-vous, l'autre jour j'étais en train de nettoyer la baignoire et mon chien m'a prise !
- Ah ! Donc vous venez aussi le faire opérer !
- Non, je viens lui faire enlever ses griffes !

Le curé du village avait la réputation de grand connaisseur de vins et le soir des fêtes de Pâques, les habitants du village avaient organisé un grand banquet.
Comme l'humeur était joviale, le restaurateur proposa au curé de démontrer ses talents de sommelier en reconnaissant quelques-uns des crus de sa cave.
Le curé accepta devant l'insistance des convives et on lui attacha un bandeau sur les yeux.
On lui présenta un premier verre de vin. Il le sentit de longues secondes et, sans même le goûter, dit :
- C'est un Bordeaux Rouge, je dirais un Saint-Emilion 1976...
Le restaurateur confirma et tout le monde applaudit l'authentique exploit.
On présenta au prêtre un second verre de vin.
Celui-ci le renifla, réfléchit quelques secondes et déclara, devant l'assistance médusée :
- C'est un Côte-du-Rhône, je dirais un Châteauneuf-du-Pape 1985...
Le restaurateur acquiesça de nouveau et le curé renouvela la performance, une troisième, puis une quatrième fois...
Alors que tout le monde commençait à tituber, un petit malin décida alors de jouer un tour au sympathique curé.
Il demanda à sa femme de lui donner sa petite culotte qu'il plia soigneusement pour qu'elle tienne dans un verre.
Il le présenta alors au curé et dit en rigolant grassement :
- Hé Monsieur le curé, dites-nous si vous reconnaissez ce cru-là...
Le curé prit le verre, le sentit et déclara :
- Une rousse, 31 ans, pas de la paroisse...

Comment savoir si un homme a eu un orgasme ?
- Il roule sur le côté et commence à ronfler !

Trois fêtards complètement saouls se retrouvent dans un bordel. L'un d'eux demande s'ils pourraient louer une chambre chacun, avec une femme à l'intérieur pour pouvoir faire l'amour.
Le maître d'hôtel lui répond que c'est possible. Mais dans sa tête, il se dit qu'il pourrait peut-être essayer de leur passer une poupée gonflable vu leur état d'ébriété.
Alors, il leur dit d'attendre un instant car il doit aller préparer les chambres.
Il place une poupée gonflable dans chaque chambre. Les 3 hommes entrent dans leur chambre respective et font l'amour toute la nuit.
Le lendemain, ils se rencontrent dans le corridor et commencent à parler de leur nuit.
Le premier dit :
- Moi, ce n'était pas terrible, elle ne bougeait pas et elle ne parlait pas !
Le deuxième dit :
- Moi, elle n'a même pas fait un seul cri de jouissance !
Le troisième dit :
- Moi, je lui ai mordu un sein et elle est partie par la fenêtre !

Quel est le nom de la plus méchante fée ?
- La fée Carabosse.
Et quel est le nom de la plus gentille fée ?
- La fée Lation...

Quelle est la différence entre un taureau et un roi ?
- Il n'y a pas de différence, ils rentrent tous les deux dans l'arène (la reine).

Comment fait un renne pour baiser une femelle caribou ?
- Il prend son élan !

Un vieux monsieur va marier sa fille et discute avec son gendre.
- Tu sais tout sur ma fille, mais il y a un détail que tu ne connais pas, elle est glabre.
- Comment cela, glabre ?
- Elle n'a aucun poil sur le corps si tu préfères.
Alors, le gendre dit en se caressant la barbe :
- Croyez-moi, ce soir elle en aura !

La première fois...

Ce fut très émouvant. J'entrai dans la pièce, ému comme on peut l'imaginer, pour une toute première expérience, pour me prouver à moi-même que j'en étais capable, que j'avais atteint l'âge où on pouvait le faire devant tout le monde, en vrai quoi !
J'avais longuement hésité en tournant et retournant plusieurs fois dans mes mains l'objet de ce pouvoir que j'allais enfin exercer, et je l'avais finalement glissé dans son enveloppe protectrice, doucement pour ne pas le froisser.
Elle était déjà là, et je la découvris en écartant doucement le voile qui me séparait encore d'elle. Sa fente s'offrait, alanguie, mais j'hésitais encore. Serais-je capable d'aller au bout ?
Je l'y ai inséré, un peu, puis plus encore, puis mon hésitation prenant le dessus, je l'en ai retiré à moitié, j'ai respiré un grand coup et je l'ai introduit tout entier.
- A voté, dit le Maire, qui assista à mon premier vote à 18 ans.

Trois jeunes religieuses sont dans un compartiment de train, en route vers Paris pour assister à la grand-messe des Journées de la Jeunesse célébrée par Jean-Paul II.
Les nonnes sympathisent rapidement et se mettent à discuter.
Au bout d'un certain temps, elles se confient leurs pêchés les plus importants.
La première dit :
- Mon plus gros pêché, c'est la luxure... Tous les ans, je prends congé du couvent pendant quelques jours et je fais la prostituée. Bien sûr, l'argent que je gagne en faisant cela, je le donne aux pauvres, mais il n'en reste pas moins que c'est un gros pêché.
La deuxième nonne dit :
- Moi, mon plus gros pêché, c'est d'aimer boire. Toutes les économies que je peux réaliser sur une année, je les consomme en me saoulant durant quelques jours.
La troisième nonne écoutait ses deux consœurs attentivement, sans dire un mot. Lorsque son tour vint de confesser son plus gros pêché, elle répondit en souriant :
- Mon plus gros pêché, c'est de cancaner... et j'ai vraiment hâte de rentrer au couvent maintenant !

Trois copains discutent de la réincarnation après un repas arrosé.
Le premier :
- Moi, j'aimerais me réincarner en lion pour sa puissance !
Le deuxième :
- Moi, en chat pour dormir et me faire caresser tout le temps !
Le troisième :
- Moi, en langoustine parce même mort, on continue à te sucer la queue !

Pourquoi Monica Lewinsky a-t-elle été libérée de toute accusation ?
- Parce qu'elle a avalé les preuves.

Un jeune homme est tout à fait désespéré parce qu'il voudrait faire l'amour avec sa copine, mais il n'ose pas. Il s'est rendu compte que son pénis est plus petit que la moyenne.
Un soir, il se décide, il emmène sa copine chez lui et après l'avoir furieusement embrassée et dénudée, il lui met son pénis dans la main.
Alors, il l'entend dire tendrement :
- Non, merci mon chéri, je ne fume pas...

Deux gars qui discutent :
- J'ai un problème avec ma femme : elle est obsédée par le sexe.
- Et alors ?
- Mais pas du mien.

Quelle est la différence entre une fleur et une femme ?
- Aucune différence car les deux s'épanouissent au bout d'une queue.

Un Anglais, un Français et une très jolie Suédoise se retrouvent dans le même compartiment d'un train. Soudain, celui-ci entre dans un long tunnel, laissant les voyageurs dans une obscurité totale pour plusieurs secondes. Dans le noir complet, on entend alors le son d'un gros bisou suivi du bruit d'une claque violente.
A la sortie du tunnel, le Français et la jeune Suédoise sont assis comme si rien ne s'était passé. En revanche, l'Anglais plaintif se tient la joue. Apparemment, c'est lui qui a pris la grande claque dans la figure.
La jeune Suédoise songe à ce qui a pu se passer :
- L'Anglais a dû essayer de m'embrasser dans l'obscurité, mais il s'est trompé et a embrassé le Français qui lui a retourné une grande claque.
L'Anglais pense aussi :
- Le Français a dû essayer d'embrasser la fille et en voulant lui donner une claque, elle l'a raté et m'a malheureusement frappé.
De son côté, le Français se dit :
- Quelle rigolade... Au prochain tunnel, je refais le bruit du baiser et je donne une autre baffe à cet abruti d'Anglais !

Quelle est la différence entre une femme et un train ?
- Quand on voit le cul du train, c'est qu'on l'a loupé et quand on voit le cul d'une femme, c'est qu'on va l'avoir.

Une petite fille est chez le coiffeur avec un berlingot dans la bouche. Elle n'arrête pas de gesticuler.
- Arrête de bouger où tu vas avoir des poils sur ton berlingot !
- Cela m'étonnerait, je n'ai que 6 ans... !

Avant de signer un contrat, un industriel visite une usine qui produit des objets à base de caoutchouc. C'est le Directeur en personne qui lui fait faire le tour du propriétaire.

Ils s'arrêtent devant une première machine qui émet des sons étranges :

- Dong... Plouss. Dong...Plouss.

- Vous voyez, explique le Directeur à son hôte, ici on fabrique des tétines pour les biberons des bébés... Le "dong", c'est lorsque la tétine est moulée par la machine et le "plouss", c'est quand elle perce un trou à l'intérieur. Vous me suivez ?

Les deux partenaires s'arrêtent ensuite devant une autre machine qui ne produit que des "dong" à répétition :

- Dong, dong, dong, dong...

- Et ceci ? interroge le visiteur.

- Ceci, c'est une machine qui fabrique des gants de vaisselle, explique le Directeur. Evidemment, ils sont imperméables, c'est pour cela que vous n'entendez que des "dong"...

Ils poursuivent tous deux la visite de l'usine et s'arrêtent devant l'atelier de conception des préservatifs.

Le visiteur est très surpris lorsqu'il entend :

- Dong... Dong...Dong.. Plouss. Dong... Dong... Dong... Plouss.

Et il interpelle immédiatement le Directeur :

- Dites-moi, votre machine est défectueuse, elle fait des trous dans les préservatifs.

Le propriétaire des lieux explique :

- Oui, un préservatif sur quatre qui sort de l'usine est percé !

- Mais ce n'est pas très bon pour la réputation de la marque d'avoir 25 % de préservatifs défectueux ? demande le visiteur troublé.

Et le directeur réplique :

- Non, mais c'est excellent pour le commerce des tétines...

C'est l'histoire d'un homme qui décède en ayant une érection.
A son arrivée aux urgences à l'hôpital, trois petites infirmières délurées et un peu cochonnes sont de garde.
La première dit aux deux autres :
- Regardez ça, il est mort en bandant. Je pense que je vais en profiter !
Sitôt dit, sitôt fait ! Elle embarque et le mort ne débande pas.
Alors la deuxième fait la même chose et il reste toujours bandant.
Les deux premières disent à la troisième d'embarquer, mais elle dit :
- Je ne peux pas, j'ai mes règles !
Les deux autres lui disent :
- Cela ne fait rien, il est mort !
Elle embarque finalement et le mort se lève dans le lit.
Les trois infirmières surprises s'exclament :
- Vous n'êtes pas mort ?
Le "supposé" mort répond alors :
- Je suis ressuscité après deux pompages et une transfusion sanguine !

Un couple, marié depuis vingt ans, a pour habitude de toujours faire l'amour dans le noir.
La femme, trouvant cette situation un peu ridicule, décide de faire quelque chose.
Un jour, au milieu de l'acte, elle allume la lumière.
Quelle n'est pas sa surprise lorsqu'elle voit son mari tenir un concombre à la main !
- J'attends des explications !
Et le mari répond :
- Je t'en donnerai lorsque tu m'auras expliqué pour nos trois enfants !

Le mariage est le prix que les hommes paient pour le sexe,
le sexe est le prix que les femmes paient pour le mariage...

C'est le premier jour d'école pour une toute jeune professeur de français, mignonne, ce qui ne gâche rien d'ailleurs... Lorsqu'elle entre dans la classe, elle remarque aussitôt que quelqu'un a écrit le mot "Pénis" (en tout petit) sur le tableau. Elle scrute tous les visages de la classe pour tenter de déceler qui aurait pu faire le coup, mais peine perdue ! Du coup, elle efface le tableau et commence son cours. Au deuxième cours, avec la même classe, un garnement a écrit le mot "Pénis" un peu plus grand sur le tableau. La nouvelle professeur efface le tableau sans rien dire et commence son cours. Le lendemain, puis le surlendemain, puis le jour suivant, même scénario, avec à chaque fois le mot "Pénis" écrit un peu plus grand sur le tableau... Vient enfin le samedi matin. La professeur entre et s'attend à lire le mot "Pénis" en grand sur le tableau, mais à la place, il est écrit :

- PLUS VOUS LE FROTTEZ, PLUS IL GROSSIT !

Deux hommes discutent :
- Tu sais que ta femme ne met pas de culotte.
- Qui te l'a dit ?
- Mon petit doigt.

Pourquoi les sorcières ne portent-elles jamais de culotte ?
- Pour pouvoir bien saisir le balai.

Deux jeunes blondes sont en visite au musée du Louvre de Paris et s'arrêtent devant une superbe statue d'Apollon, dont le seul vêtement est une feuille de vigne posée sur ses parties intimes.
Après l'avoir regardé longuement, l'une d'elles dit :
- On reviendra à l'automne !

Papa, maman et leur jeune fillette se retrouvent en vacances sur une plage de naturistes dans le sud de la France.
La fillette, intriguée par tout cet étalage de chair, demande à sa maman :
- Pourquoi le bidule qui pend sous le ventre des messieurs, il est des fois gros et des fois petit ?
La mère embarrassée :
- C'est à la taille de ce bidule que se juge la joie des messieurs !
- Ah ? Hé ben papa depuis qu'il discute avec la jeune fille, là-bas derrière les dunes, il est de plus en plus joyeux !

Comment appelle-t-on une pute bordelaise ?
- Un grand cul classé !

Un couple se pose la question suivante : qui, de l'homme ou de la femme, prend le plus de plaisir pendant l'acte sexuel ?
L'homme dit :
- Ce sont les hommes qui prennent le plus de plaisir ! Sinon pourquoi penses-tu que les hommes ont toujours envie de faire l'amour ?
La femme lui répond :
- Cela ne prouve rien du tout. Réfléchis deux secondes :
- Quand ton oreille te gratte et que tu utilises ton petit doigt, qui se sent mieux après ? Ton petit doigt ou bien ton oreille ?

- Tu connais la différence entre faire l'amour et jouer aux légos ?
- Non...
- Alors continue à jouer aux légos !

Une petite fille, la veille de Noël, se promène dans la rue toute contente en chantonnant :
- Ma maman, elle fait le tapin ! Ma maman, elle fait le tapin !
Alors qu'elle passe devant un bar, un homme l'arrête :
- Dis-moi... Elle habite où, ta maman ?
Tu veux bien me montrer où elle fait le tapin ?
Et la petite fille toute contente, l'emmène à sa maison, dans le salon, où sa maman, accroupie, décore un gigantesque sapin.
- Ma maman, et ben elle fait l'tapin de Noël !

C'est une jeune fille qui est une des fans les plus enthousiastes de Patrick Bruel. Elle va le voir en concert, s'éclate complètement pendant les deux heures du concert, puis, épuisée, elle s'endort sur son fauteuil. Elle se met à rêver de Patrick ...
Soudain, elle sent qu'on lui secoue l'épaule et se réveille. Merveille ! C'est Patrick Bruel lui-même, qui vient la voir...
- Oh, dit-elle, vous êtes le prince charmant de mes rêves.
- Si je suis votre prince charmant, lui répond-il avec un sourire, je peux sans doute exaucer trois de vos vœux...
- Heu... Je n'ai qu'un vœu, mais vous pouvez l'exaucer trois fois...

C'est la mère supérieure qui fait venir ses sœurs dans son bureau. Elle leur demande d'aller chercher des fraises en ville. Malheureusement, la mère supérieure a la fâcheuse habitude de parler très rapidement, et nos chères bonnes sœurs ont compris "d'aller chercher des frères en ville."
Ce qu'elles font, avec grand plaisir d'ailleurs !
De retour au couvent, une des sœurs entre dans le bureau de la mère supérieure et dit :
- Nous avons trouvé ce que vous nous avez demandé, mère.
- Parfait ! répondit la mère supérieure. Faites-les décharger dans le corridor, nous allons les équeuter demain !

Nous étions seuls tous les deux dans la grange et mes parents étaient partis. C'est à ce moment que j'ai commencé à lui caresser cette partie de son corps jusqu'à ce que ce liquide blanc et crémeux me coule entre les mains ; c'était la première fois que je trayais une vache...

C'est le patron d'un cirque qui passe une annonce pour recruter un dompteur.
Deux jeunes se présentent : un garçon d'environ 25 ans et une ravissante blonde à peu près du même âge.
Le propriétaire du cirque les prévient honnêtement :
- Je ne vais pas vous raconter d'histoires, j'ai un lion particulièrement féroce, il a dévoré l'ancien dompteur. Aussi vous avez intérêt à être bons. Voici votre matériel, un tabouret, un fouet et un pistolet. Qui est volontaire pour commencer ?
La fille s'avance :
- Moi !
Elle passe devant le tabouret, le fouet et le flingue et entre droit dans la cage du lion.
L'animal féroce rugit, sort ses griffes, et fonce sur elle.
A mi-chemin, la fille ouvre le manteau dont elle était couverte et révèle ainsi un corps de rêve, complètement nu.
Le lion s'arrête net ! Il rampe vers elle et se couche à ses pieds, qu'il lèche abondamment, embrasse de même ses genoux, avant de poser sa tête sur le sol en signe de soumission.
Le patron du cirque ouvre des yeux comme des soucoupes :
- Je n'ai jamais vu un tel numéro de toute ma vie...
Et en se tournant vers le jeune homme, il ajoute :
- Vous croyez que vous pouvez faire mieux ?
- Sans problème ! Mais faites d'abord sortir ce lion...

Un jour que son mari n'est pas rentré de son travail à l'heure habituelle, une épouse est très nerveuse et en parle à sa mère au téléphone :
- Je suis sûre qu'il voit une autre femme !
- Pourquoi toujours voir le pire ? Il a peut-être eu simplement un accident.

Monsieur est dans la salle de bains. Il vient de se raser et se passe de l'après-rasage sur le visage.
C'est le moment que choisit madame pour le rejoindre.
- Tu sais chérie, c'est incroyable le bien que ça fait de se raser. Tous les matins, je me sens rajeunir de 20 ans !
Et sa femme lui répond d'un ton acerbe :
- Ouais, ben tu ferais mieux de te raser le soir alors !

Deux vieillards sont en pleine conversation dans le parc de leur maison de retraite :
- Oui mon gars, c'est comme je te le dis ! Je l'ai fait trois fois la nuit dernière avec une fille de 30 ans !
- Tu rigoles ! Tu ne saurais même plus le faire une fois ! C'est des conneries tout ça.
- Mais non, je t'assure. En fait, j'ai un secret : il faut que tu manges beaucoup de pain complet. Je ne rigole pas, essaie et tu verras. Cela marche !
Aussitôt, le vieux se rue chez le boulanger...
La boulangère :
- Bonjour, Monsieur. Qu'est-ce que ce sera pour vous ?
Le vieux :
- Je voudrais 4 pains complets !
La boulangère :
- Cela fait beaucoup de pains, dites donc. Vous êtes sûr que ça ne sera pas trop dur avant que vous ne l'ayez terminé ?
Le vieux :
- C'est incroyable ça ? Alors tout le monde était au courant sauf moi ?

Quelle est la différence entre une femme et un écureuil ?
- La femme veut la queue et l'écureuil veut les noix.

C'est un gars qui est malade et qui va voir son docteur.
Alors qu'il patiente dans la salle d'attente,
il voit sortir une nonne de la salle de consultation.
Elle a l'air effondrée et hagarde.
Lorsque le docteur le fait rentrer, le gars lui demande :
- Je viens de voir sortir une nonne de chez vous... Elle avait l'air vraiment mal en point. Je n'ai jamais vu quelqu'un avec une si mauvaise mine !
Le docteur lui répond :
- Ah oui ? Je venais de lui dire qu'elle était enceinte !
- Ce n'est pas vrai ?
- Non, bien sûr que non, elle n'est pas enceinte, mais ça lui a guéri son hoquet.

Quelle est la similitude entre une marée noire et une minijupe ?
- Dans les deux cas, la moule est en danger !

Quelle différence y a-t-il entre un ballon et une fille ?
- Un ballon, on le gonfle pour jouer avec lui. Une fille, on joue avec elle pour la gonfler.

Le Président du Tribunal :
- Madame, voudriez-vous nous dire votre âge ?
La gentille vieille Dame :
- Bien sûr. J'ai 91 ans.
Le Président du Tribunal :
- Voulez-vous nous dire, sans vous contrarier, ce qui vous est arrivé ?
La gentille vieille Dame :
- J'étais assise devant chez moi sous la tonnelle. C'était un soir de printemps, il faisait bon. Un jeune homme s'est approché furtivement et il est venu s'asseoir auprès de moi.
Le Président du Tribunal :
- Le connaissiez-vous ?
La gentille vieille Dame :
- Non, mais je l'ai trouvé sympathique tout de suite.
Le Président du Tribunal :
- Qu'est-il arrivé ensuite ?
La gentille vieille Dame :
- Il a commencé à me caresser la cuisse.
Le Président du Tribunal :
- Et vous ne l'avez pas interrompu ?
La gentille vieille Dame :
- Non, Monsieur le Juge.
Le Président du Tribunal :
- Pourquoi donc ?
La gentille vieille Dame :
- Bien, c'était agréable. Personne ne m'avait fait ça depuis la mort de mon Grégoire, il y a trente ans de cela.
Le Président du Tribunal :
- Et ensuite ?
La gentille vieille Dame :
- Il a commencé à me caresser les seins.
Le Président du Tribunal :
- Vous lui avez demandé d'arrêter ?
La gentille vieille Dame :
- Non, pas du tout.

Le Président du Tribunal :
- Pourquoi ?
La gentille vieille Dame :
- Bien, Monsieur le Juge, ses caresses m'ont fait revivre. Je ne m'étais pas sentie aussi bien depuis des lustres.
Le Président du Tribunal :
- Et ensuite ?
La gentille vieille Dame :
- Bon, je me sentais tellement sexy que j'ai écarté mes vieilles jambes et que je lui ai dit : « Prenez-moi, jeune homme ... Prenez-moi ! »
Le Président du Tribunal :
- Qu'a-t-il fait alors ? Il vous a prise ?
La gentille vieille Dame :
- Non ! Il s'est mis à crier : "Poisson d'avril" en ricanant comme un con et c'est là que j'ai descendu ce petit enfoiré !

Une très jolie jeune fille entre dans une boutique. Elle demande au vendeur :
- C'est combien pour 1 mètre de tissu ?
- Pour vous, charmante dame, ce sera un baiser.
- Parfait, j'en voudrais 5 mètres, s'il vous plaît !
Le vendeur rougit, mais s'empresse d'aller préparer le tissu. Il revient au comptoir, donne le tissu à la jeune fille, et regarde la jeune fille en attendant son dû.
Elle se retourne et crie :
- Grand-papa, viens payer le vendeur !

Qu'est-ce qui est le meilleur dans le lait maternel ?
- L'emballage !

Récemment mariés, le mari et sa jeune épouse montrent les photos de leur voyage de noces au Pérou à quelques amis.
Sur l'une des photos, on voit les jeunes mariés dans un tramway bondé. La femme se tient debout alors que le mari est affalé sur une banquette.
Voyant cela, un de leurs amis lance au mari :
- Ben dis donc ! Pour un jeune marié, tu n'es pas très galant !
- Mais non ! C'est qu'après une semaine de mariage, moi je ne tenais plus debout et elle, elle ne pouvait plus s'asseoir...

En faisant sa tournée, le facteur voit un drap troué en train de sécher dans le jardin de madame Dupont.
Il lui demande :
- Alors, vous vous amusez à découper vos draps et à faire des trous au milieu ?
Madame Dupont explique :
- Hier, j'ai organisé une petite fête et tout le monde s'est bien amusé. Les hommes étaient cachés derrière le drap et passaient leur sexe par le trou. Les femmes devaient deviner qui était derrière le drap !
Le facteur s'exclame :
- En effet ! J'aurais bien aimé être là !
La dame lui répond :
- Sûrement ! Votre nom est revenu plusieurs fois !

Quelle est la différence entre une pute et une usine ?
- L'usine débite des caisses et la pute encaisse des bites.

Une dame voulant se marier pour la quatrième fois, va s'acheter une robe de mariée.
La vendeuse lui rappelle qu'elle ne peut pas porter une robe blanche, puisqu'elle s'est déjà mariée trois fois.
Elle répond :
- Mais si je peux, je suis toujours vierge !
- La vendeuse lui répond :
- Impossible !
Et la dame dit :
Mon premier mari était psychologue, et tout ce qu'il voulait, c'était en parler. Le second était gynécologue, il ne voulait que regarder. Et le troisième, ah le troisième... il était philatéliste, ah mon Dieu, comme il me manque ! Tout avec la langue !

Accompagnée de sa ravissante fille, une grosse dame arrive chez le médecin et lui dit :
- Docteur, la gorge est très irritée et le thermomètre indique 38,7.
- Nous allons voir cela, fait le médecin.
- Déshabillez-vous, mademoiselle.
- Mais ce n'est pas ma fille qui est souffrante docteur, c'est moi !
- Oh, pardon ! Alors ouvrez la bouche et faites : Aaah...

Quelle est la différence entre un ascenseur et une femme ?
- Aucune, tu mets ton doigt ou t'habites.

Comment appelle-t-on un bébé juif non circoncis ?
- Une fille !

Une jeune femme complètement paniquée appelle son médecin et lui dit :
- Docteur, docteur !
Je me faisais bronzer dans mon jardin et une abeille est entrée dans mon vagin !
- Ah...bon alors écoutez-moi, il faut dire à votre mari de se mettre de la confiture sur le sexe et d'attirer l'abeille vers l'extérieur.
- Mais docteur, mon mari n'est pas là !
- Dans ce cas, je vais devoir intervenir, ne bougez pas madame, j'arrive !
Le praticien se rend donc précipitamment chez la jeune femme et sonne à la porte.
Elle lui ouvre, tout juste vêtue d'une robe de chambre.
Ebloui par la beauté de la jeune femme, le médecin lui bafouille :
- Bon...Bonjour madame. Donnez-moi un pot de confiture et allez vous allonger sur le lit.
La jeune femme lui donne le pot, se dirige vers la chambre, ôte sa robe de chambre, s'allonge sur le dos et écarte les cuisses.
La voyant dans cette position, le toubib a toutes les peines du monde à garder son sang-froid.
Il s'approche d'elle en essayant de cacher tant bien que mal l'énorme bosse que fait son pantalon...
Il ouvre le pot de confiture, mais... submergé par le désir, ne pouvant plus résister à ses pulsions,
le médecin dégrafe prestement son pantalon, et introduit d'un coup son pénis dans le sexe de la jeune femme et commence à lui faire furieusement l'amour.
- Mais enfin docteur ! Que faites-vous ?
- J'ai changé de technique madame ! D'abord je l'assomme et ensuite je la noie...

Un programmeur raconte à ses copains programmeurs :
- Hier, j'ai fait la connaissance d'une superbe jeune fille dans une boîte de nuit....
Les copains programmeurs :
- Aaaah !
- Je l'invite chez moi, on boit un coup, je commence à l'embrasser.
Les copains programmeurs :
- Aaaaaaah !
- Elle me dit ensuite : "Déshabille-moi !"
Les copains programmeurs :
- Aaaaaaaaaaaaaaah !
- Alors j'enlève sa culotte, je la soulève et je l'assois sur le clavier de mon PC !
Les copains programmeurs :
Ouaaahhhh, tu as un PC à la maison ? C'est quoi comme processeur ?

Deux petites filles sont dans la rue et la première met un poisson pourri dans sa culotte.
- Mais que fais-tu ? lui demande la première.
- Ben, c'est pour sentir comme les grandes, lui répond la seconde !

Une femme enceinte de 8 mois, se sent déprimée en regardant son image dans le miroir.
Elle demande à son mari, si elle a au moins, cet espèce de rayonnement qu'on attribue aux femmes enceintes.
Il la regarde et lui dit :
- Oui, il y a un peu de ça... Je dirais que tu as l'air d'une ampoule !

Lors d'un bal, un homme rencontre une dame et lui dit :
- Mon Dieu, que vous êtes belle !
Et la femme lui répond :
- Je vous remercie pour le compliment, mais malheureusement, je ne puis vous le retourner !
Et le monsieur de rajouter :
- Mais Madame, faites comme moi, mentez !

C'est l'histoire d'un patron qui, pour recruter sa secrétaire décide de poser la même question à 2 candidates :
- Que faites-vous si vous trouvez un billet de 100 euros par terre ?
La première répond :
- Je mets une affiche à la cafétéria et je fais le tour de mes collègues pour retrouver celle ou celui qui l'a perdu.
La deuxième dit :
- Je le mets dans mon tiroir. Si au bout d'un an personne ne le demande, je le garde.
A votre avis, laquelle sera embauchée ?
Celle qui a les plus gros seins !

Comment appelle-t-on la braguette de Bill Clinton ?
- The US open...

Quelle est la différence entre un préservatif et un copyright ?
- Aucune, les 2 interdisent la reproduction...

Un type arrive à l'hôpital et va voir le médecin en lui disant :
- Bonjour docteur, je voudrais me faire émasculer.
- C'est une décision qui demande réflexion ! Avez-vous songé à toutes les conséquences ?
- Je suis assez grand pour prendre mes décisions tout seul et je veux être émasculé ! Alors émasculez-moi !
Devant une telle détermination, le médecin accepte et l'opération se déroule parfaitement bien.
Le lendemain, à son réveil, un copain du type arrive dans la chambre et dit :
- Salut, je passais à l'hôpital, j'ai su que tu étais là, alors je suis venu te voir.
L'opéré dit :
- C'est sympa de ta part ! Mais qu'est-ce que tu es venu faire à l'hôpital ?
L'ami répond :
- Je suis venu me faire vacciner.
Et l'opéré rétorque :
- VACCINER !!! Voilà le mot que je cherchais !

C'est une fille qui apprend à nager. Le maître nageur lui dit :
- N'aie pas peur, je te tiens !
Et la fille lui fait :
- Je suis contente que vous m'appreniez à nager parce que ma grande sœur, maintenant, elle nage très bien.
- Ah bon ?
- Oui, elle nage très bien. Mais est-ce vrai que si vous enlevez le doigt, je coule ?

Une jeune femme arrive chez le médecin :
- Voilà, docteur, chaque fois que je suis seule dans une pièce avec un homme, j'éprouve une irrésistible envie de faire l'amour avec lui ...Est-ce que ça porte un nom ?
- Mais bien sûr, mademoiselle, répond le docteur en dégrafant sa ceinture, cela s'appelle une excellente nouvelle !

C'est une fille dont le métier consiste à vendre ses charmes, mais elle est toujours parvenue à ce que sa grand-mère n'en sache rien.
Un jour, la police fait une descente anti-racolage, et la fille aboutit au poste...
Les policiers font aligner toutes les filles dans l'attente d'un relevé de leur identité, lorsque la grand-mère fait irruption dans le commissariat. La grand-mère voit sa petite-fille qui fait la queue en compagnie des autres, et elle lui demande :
- Alors ma petite-fille, qu'est-ce que tu fais ici ? Pourquoi fais-tu la queue ?
Pour garder le secret, la fille lui répond :
- C'est parce qu'on nous distribue des oranges gratuitement mamie !
Alors la grand-mère se dit qu'elle aussi va faire la queue pour avoir des oranges gratuites...
Finalement, lorsque toutes les filles ont donné leur identité et sont passées devant le policier, vient le tour de la grand-mère.
Le policier lui demande :
- Ben dites donc grand-mère, vous êtes rudement vieille pour ça, comment faites-vous ?
Et mémé répond :
- Oh c'est facile, j'enlève mon dentier et je les suce à fond !

Quelle est la vitesse maximale en amour ?
- 68, parce qu'à 69, c'est le tête-à-queue !

Quelle distance faut-il pour faire l'amour ?
- Il faut six mètres à deux !

Un ours et un lapin sont en train de se disputer quand, tout à coup, apparaît un génie.
Il leur propose d'exaucer trois de leurs vœux s'ils arrêtent de se disputer.
Ils acceptent et l'ours fait son premier vœu :
- Je voudrais que tous les autres ours de France soient des femelles.
Le lapin demande une mobylette comme premier vœu.
L'ours se moque de lui et fait son deuxième vœu :
- Je voudrais que tous les ours du monde soient des femelles.
- Moi, je voudrais un casque adapté à mes oreilles pour faire de la mobylette.
L'ours se tord de rire en se disant que le lapin est stupide de gâcher ainsi ses vœux.
Puis l'ours formule son dernier souhait :
- Je voudrais que tous les ours de l'univers soient des femelles.
Alors le lapin, à qui il reste encore un vœu, met son casque, monte sur sa mobylette, démarre l'engin, accélère et crie en se retournant :
- Mon dernier vœu est que l'ours soit homo...

Un docteur vient de terminer l'examen médical de son patient et lui dit :
- Tout est parfait cher monsieur. Vous avez une excellente santé. Continuez comme ça.
- Heu... Docteur, il y a une chose dont je voudrais vous parler.
- Allez-y, je vous écoute.
- Eh bien voilà. J'envisage de me faire vasectomiser.
- Eh bien, c'est une décision à ne pas prendre à la légère. Je vous rappelle qu'une vasectomie a pour but de vous empêcher définitivement de procréer. Vous en avez parlé avec votre femme et vos enfants ?
- Ben oui, justement : le vote a donné 15 pour, 2 contre et 7 abstentions.

Une nonne arrive en courant dans la cuisine
du couvent pour y retrouver la mère supérieure.
Elle crie :
- J'ai été violée ! J'ai été violée !
La mère supérieure lui répond :
- Calmez-vous, mon enfant, et asseyez-vous ....
Je vais m'occuper de vous.
La mère supérieure va chercher du citron, du vinaigre, des cornichons et des oignons, puis elle commence à préparer une mixture avec ces ingrédients.
Elle tend la mixture à la nonne en lui disant
de boire d'une traite !
La nonne demande avant de goûter :
- Et vous pensez qu'avec ça, je serai purifiée, ma mère ?
La mère supérieure lui répond :
- Pas sûr, mais au moins, cela vous enlèvera le sourire que vous avez sur les lèvres !

En plein mois d'août, un aveugle arrive sur une plage de la côte d'Azur et tâtonne avec sa canne blanche pour trouver une place. Finalement il s'installe, et sort de son sac une poupée gonflable qu'il commence tranquillement à gonfler.
Un père de famille en slip de bain s'approche et lui demande :
- Vous comptez vous servir de cet engin ici ?
- Absolument.
- Mais vous n'y pensez pas !
Cette plage est remplie d'enfants...
- Et alors ?
- Alors, vous n'allez quand même pas utiliser une poupée gonflable devant eux !
Alors l'aveugle s'écrie consterné :
- Mon Dieu ! Mais alors, ça fait six mois que je me tape mon Zodiac.

Le mari :
- Je ne comprends pas : trois docteurs nous ont certifié au début de notre mariage que je ne pourrais jamais être père. Donc, l'enfant que tu attends ne peut être de moi !
La femme :
- Tu as de ces raisonnements ! Alors, si les docteurs avaient en même temps affirmé que j'étais stérile, le petit ne serait de personne... Réfléchis, voyons !

Quelle est la maladie qui paralyse les hommes en dessous de la ceinture ?
- Le mariage.

L'amour, c'est comme la maladie...
Cela se termine toujours au lit.

James travaille comme maître d'hôtel chez un couple fortuné. La femme, ravissante, est beaucoup plus jeune que son mari.
Un soir, ils annoncent à leur valet qu'ils rentreront très tard, mais l'épouse revient plus tôt que prévu.
- James, dit-elle, venez dans ma chambre.
Il la suit. Elle ferme la porte.
- Enlevez ma robe, ordonne-t-elle.
Il obéit.
- Mes bas, maintenant.
Il les ôte.
- Et mes dessous !
Il s'exécute.
- Bon, James, fait-elle en le regardant dans les yeux, que je ne vous reprenne plus à porter mes vêtements.

Un gars est invité à manger chez des amis. Le couple qui le reçoit a la cinquantaine et vient de fêter ses noces d'argent.
Après le repas, pendant que madame prépare le café, l'invité prend son hôte par le bras et lui dit sur le ton de la confidence :
- Dis donc, tu m'épates, après 25 années de mariage, tu continues à donner à ta femme des petits noms comme « Ma chérie », « Mon amour », « Mon bébé », etc. Vraiment je t'admire !
Et le mari lui répond à l'oreille :
- Pour être honnête ... j'ai oublié comment elle s'appelle !

C'est l'histoire d'un homme qui est au paradis depuis un petit bout d'éternité et il commence à en avoir sérieusement plein les bottes. Tout est calme et pacifique. Il ne se passe jamais rien au paradis. Il se dit qu'il irait bien faire un petit tour en enfer, histoire de voir comment c'est. Il va donc demander à saint Pierre s'il ne pourrait pas faire un tour en enfer.

Saint Pierre regarde dans son registre de bonne conduite et voit que le gars n'a jamais fait de problèmes, qu'il est plutôt du style ange modèle, qu'il nettoie à fond son petit nuage et que ses ailes sont toujours d'une blancheur irréprochable. Donc, permission accordée pour un petit séjour d'une semaine en enfer.

L'homme prend l'ascenseur et descend en enfer. Son visa étant en règle, on le laisse rentrer. Et là, qu'est-ce qu'il voit ? Une fiesta pas possible.

Ça chante, ça boit, ça fume, ça joue, des danseuses nues, enfin bref, ambiance du tonnerre. Il se mêle à la joyeuse bande et s'éclate pendant une semaine. Puis retour au paradis.

L'homme s'ennuie pendant quelques siècles et puis n'y tient plus. Il lui faut de l'action. Alors, il demande à saint Pierre s'il ne pourrait pas s'établir définitivement en enfer. Saint Pierre attristé lui demande si c'est vraiment ce qu'il veut. L'homme lui dit qu'il n'a pas de plus cher désir.

Alors, saint Pierre lui permet de sortir.

Le gars se rend donc à nouveau en enfer et là, à peine passée la porte, une armada de démons l'attrapent, le passent sur le gril, le fouettent et lui font subir tous les sévices possibles et imaginables.

Le gars, une fois ses esprits retrouvés demande :

- Mais, mais, ... qu'est-ce qu'il se passe ? Ce n'était pas comme ça la première fois que je suis passé ici ! Où sont les salles de jeux, les danseuses nues, l'ambiance terrible ?

Comment se fait-il qu'on me traite si mal et que je ne retrouve pas le même endroit que lors de ma première visite ?

Alors un démon, grand sourire carnassier aux lèvres, lui dit :

- Il ne faut pas confondre tourisme et immigration !

Quelle est la différence entre une femme et un ouragan ?
- Aucune, quand ça vient, c'est chaud et humide, quand ça repart, c'est avec ta bagnole et ta maison.

La femme, définitions...

Définition philosophique :
La femme est un sujet sur lequel l'homme aime s'étendre.
Définition zoologique :
La femme est un animal sans poil dont la peau est très recherchée.
Définition mathématique :
La femme est un ensemble de courbes qui fait lever une ligne droite.
Définition géographique :
La femme est comme le globe terrestre :
Entre 15 et 25 ans : elle est comme l'Afrique, chaude, à moitié vierge et à moitié inexplorée.
Entre 25 et 35 ans : elle est comme l'Asie, exotique et mystérieuse.
Entre 35 et 45 ans : elle est comme l'Amérique, déjà bien connue, mais encore belle et pleine de ressources.
Entre 45 et 55 ans : elle est comme l'Europe, traversée de long en large, et fatiguée, mais vous pouvez encore trouver des endroits intéressants.
Entre 55 et 65 ans : elle est comme l'Australie, tout le monde sait où elle se trouve, mais personne ne pense réellement à y aller.

Pourquoi n'y a-t-il que 10% des femmes dans le monde qui mouillent en ce moment ?
- Parce que je ne peux pas être partout à la fois !

Une blonde raconte à ses copines blondes :
- Hier, j'ai fait la connaissance d'un superbe programmeur dans une boîte de nuit.
Les copines blondes :
- Aaaah !
- Il m'invite chez lui, on boit un coup, il commence à m'embrasser.
Les copines blondes :
- Aaaaaah !
- Là, je lui dit : Déshabille-moi !
Les copines blondes :
- Aaaaaaaaaah !
- Alors, il m'enlève ma culotte !
Les copines blondes :
- Aaaaaaaaaaaaaah ! Tu portes une culotte ?

Le copain, c'est celui avec qui on partage le pain (co-pain). Mais la copine, c'est quoi ?

C'est un homme qui demande à sa femme :
- Chérie, pourquoi ne m'avertis-tu jamais quand tu as un orgasme ?
- Chéri, je ne vais quand même pas t'appeler au travail !

Deux spermatozoïdes discutent :
- Dis, c'est encore loin les ovaires ?
- Tu parles, nous ne sommes qu'aux amygdales !

Quelle est la principale cause de divorce ?
- Le mariage !

C'est une fille jolie comme un cœur. Il l'a emmenée dans sa chambre.
Elle commence à se déshabiller. Et tout d'un coup, il a un petit soupçon, il lui demande :
- Mais quel âge as-tu ?
- Treize ans, fait-elle candidement.
- Treize ans ! hurle-t-il. T'es pas folle de faire ça à treize ans ? Tu vas me faire le plaisir de te rhabiller et de déguerpir en vitesse !
- Oh, dit-elle, si tu es superstitieux, alors, n'en parlons plus...

Sais-tu qu'il y a des fausses pilules de Viagra ?
- Celles de contrebande !

Une vieille fille entre dans une agence matrimoniale et dit :
- Je cherche un mari agréable, comme il faut, vertueux, qui puisse aussi bien chanter que raconter des histoires, mais je veux qu'il reste à la maison et qu'il se taise s'il commence à me fatiguer.
- Je vois ce qu'il vous faut, mais vous devez vous être trompée de boutique : allez voir 100 mètres à droite, il y a un vendeur de postes de télévision...

Quand j'étais jeune fille, la première fois que je suis sortie avec un garçon, mon père m'a donné une petite pilule.
- C'est pour ne pas avoir de bébés. Prends cette pilule !
- Que veux-tu dire ? C'est de l'aspirine ! Cela ne me protégera pas !
- Si ! Ce soir, prends le comprimé et tiens-le entre tes genoux, et ne le lâche surtout pas !

Un homme dîne dans un restaurant luxueux avec sa femme. Soudain une jeune fille absolument époustouflante arrive et donne au mari un gros baiser. Elle lui dit ensuite qu'elle le verra plus tard.
L'épouse, très choquée, demande :
- Mais qui est cette petite garce ?
- Oh, c'est ma maîtresse !
- Quoi ? C'en est trop, je demande le divorce !
- Je comprends, mais n'oublie pas que si tu demandes le divorce, tu n'auras plus de voyages à Paris pour tes courses, ni de voyages aux Baléares en hiver, ni d'étés en Tunisie, ni de Mercedes dans le garage. Mais c'est ta décision...
A ce moment, un ami du couple entre dans le restaurant avec une superbe jeune fille. La femme demande :
- Qui est cette jeune fille ?
L'ami répond :
- Ah elle, c'est ma maîtresse !
L'épouse dit alors à son mari :
- La nôtre est plus belle !

Combien y a-t-il de positions dans le Kama-Sutra ?
- 68, parce qu'à la 69e position, on nettoie les outils !

Lors d'une soirée, un homme accoste une belle jeune femme et lui propose un dernier verre chez lui, il insiste en lui précisant qu'il est magicien et qu'il lui montrera un tour de magie.
Arrivés chez lui, le magicien lui demande de se déshabiller, elle hésite puis finalement comme elle en a très envie, elle commence à se déshabiller en lui demandant plus de détails sur le tour de magie, il lui répond alors :
- Bah c'est simple, je te baise et après tu disparais !

Une jeune fille gémit, langoureusement étendue dans le lit d'un play-boy :
- Si ma mère me voyait, qu'est-ce qu'elle dirait ?
- Elle dirait qu'une fille bien élevée ne parle pas la bouche pleine !

Savez-vous pourquoi les femmes doivent masser les testicules lorsqu'elles font une fellation ?
- Pour éviter les grumeaux !

L'amour rend aveugle, le mariage rend la vue.

Trois hommes discutent entre eux de
la taille de leur douce moitié.
L'un dit :
- Moi, ma femme a une taille de guêpe,
ce soir je vais la "piquer".
Le deuxième dit :
- Moi, ma femme a une taille de sauterelle,
ce soir je vais la "sauter".
Et le troisième dit :
- Moi, ma femme a une taille d'éléphant,
ce soir je vais la "tromper".

Citations sur les cocus

Cocu, chose étrange que ce petit mot n'ait pas de féminin.
J'ai souvent remarqué, pour ma part, que les cocus épousaient de préférence des femmes adultères.
Je connaissais une femme très vertueuse. Elle a eu le malheur d'épouser un cocu : depuis, elle couche avec tout le monde.
Il vaut mieux être plusieurs sur une bonne affaire que seul sur une mauvaise.
Il y a deux sortes de femmes : celles qui trompent leur mari et celles qui disent que ce n'est pas vrai !
Il y a des femmes dont l'infidélité est le seul lien qui les attache encore à leur mari.
J'ai fini par m'apercevoir que je n'étais plus le seul à partager la fidélité de mon épouse.
Ce qui m'exaspère, c'est de penser que ce monsieur sait maintenant de quoi je me contentais.

Un couple dans la cinquantaine est au lit. En enlevant les lunettes de son mari, la femme dit chaleureusement :
- Tu sais, chéri, sans tes lunettes, tu ressembles toujours au beau jeune homme que j'ai épousé !
L'homme répond :
- Ma chérie, tu sais, sans mes lunettes, toi aussi tu parais encore très bien !

Un homme demande à une amie de bien vouloir l'épouser.
La dame, peu confiante, l'interroge :
- Tu veux m'épouser parce que j'ai hérité d'un million de dollars de ma grand-mère, avoue !
Le gars lui répond alors :
- C'est complètement faux, ma chérie. Même si tu l'avais hérité de ton grand-père, je t'aurais épousée quand même !

Un homme se promène rue Saint-Denis. Il s'approche d'une péripatéticienne et il lui demande :
- C'est combien ?
- 50 euros !
- Et pour 20 euros, ça ira ?
- Non ! Ce n'est pas l'Armée du Salut ici ! Allez, tire-toi !
Il continue son chemin et s'approche d'une autre. Même discussion, même réponse.
A 16 h, il doit aller chercher sa femme à la sortie du bureau, mais il doit repasser rue Saint-Denis pour rentrer chez lui.
Une des dames qu'il avait accostées éclate de rire et lui dit :
- Eh, tu as vu ce que tu te tapes pour 20 euros ?

Les mariages, c'est comme les enterrements, c'est bien seulement quand on n'est pas dans la première voiture !

Sur le Titanic, lors du naufrage un gars voit une chaloupe et la jette à l'eau, s'apprête à sauter dedans, mais se fait interpeller par le capitaine qui lui crie :
- Eh ! que faites-vous ? Il y a encore des femmes à bord !
- Voyons ! Si vous croyez que c'est le moment de penser à ça !

C'est une femme qui joue au golf par un bel après-midi d'été. Alors qu'elle se baisse pour placer sa balle, elle se fait piquer par un insecte. Or, la dame se sait allergique aux piqûres de guêpe, et craignant ce qui pourrait arriver, elle rentre très vite au club-house.
En arrivant dans la salle, elle crie :
- Est-ce qu'il y a un médecin ici ? J'ai été piquée par un insecte !
Un des hommes présents répond :
- Je suis médecin. Où avez-vous été piquée ?
Un peu perturbée, la dame ne comprend pas le sens de la question et répond :
- Entre le premier et le second trou ! Qu'est-ce que vous suggérez, Docteur ?
Le médecin lui répond alors :
- Oh, je vous invite à l'avenir à ne plus écarter les jambes en jouant au golf !

Deux vielles copines sont en train de bavarder de tout et de rien, alors à un certain moment, l'une d'entre elles dit à l'autre :
- Je suis bien désespérée, depuis quelques années, mon mari développe le syndrome de l'oignon et ça semble irréversible.
- Le syndrome de l'oignon, mais qu'est-ce que c'est ? s'enquiert son amie avec empressement.
- Bah, c'est simple, tout comme l'oignon, son ventre grossit et sa queue sèche.

Toto est amoureux de sa maîtresse et tout le monde le sait, même la maîtresse.
Un jour, la maîtresse fait un jeu de devinettes. Et à chaque fois qu'elle pose une devinette, Toto intervient. Mais toutes ses réponses sont fausses. Pour le consoler, elle lui répond gentiment chaque fois :
- Ce n'est pas la bonne réponse, Toto, mais c'est quand même bien d'avoir essayé !
A la fin de la classe, Toto vient voir la maîtresse et lui dit :
- Moi aussi, j'ai une devinette pour vous, mademoiselle.
- Oui Toto, quelle est-elle ?
- J'ai dans mon pantalon une petite tige, assez dure, avec un bout tout rouge, et qui peut vous mettre le feu. Qu'est-ce que c'est ?
Paf ! La maîtresse lui donne une de ces paires de claques. Toto, alors tout en larmes, sort de sa poche une allumette, et dit :
- Ce n'était pas la bonne réponse, mademoiselle, mais c'est quand même bien d'avoir essayé !

Le point commun entre un sexe en érection et un lion de cirque ?
- Les deux sont dressés.

A l'étude du soir, un petit garçon n'arrête pas de se lécher la main pour s'humecter le front tout en apprenant ses leçons.
L'observant depuis un moment et intrigué, le surveillant lui demande pourquoi il fait cela.
- J'apprends mes leçons, monsieur, lui répond le jeune garçon.
- Je vois bien, dit le pion, mais arrête donc de te barbouiller le front de salive !
- C'est pour mieux apprendre, monsieur ! Hier soir, j'ai entendu maman dire à papa que lorsqu'on mouillait la tête, ça rentrait mieux !

Toto est dans la salle de bains et regarde sa maman prendre son bain.
- Maman, c'est quoi ce que tu as entre les jambes ?
- Cela, c'est mon hérisson, répond la maman.
Ce qui clôt le chapitre pour cette fois. La semaine suivante, la grand-mère est en vacances chez Toto. Toto en profite pour l'observer alors qu'elle va prendre son bain. Il revient ensuite en courant voir sa mère et il lui dit :
- Maman, je pense que grand-mère devrait aller voir le vétérinaire !
- Et pourquoi Toto?
- Parce que j'ai vu son hérisson : il a perdu toutes ses épines et il est tout fripé.

Une jeune fille se plaint à son amie :
- Chaque fois que je rencontre mon ami, il m'offre des fleurs fanées.
Qu'est-ce que tu me conseilles de faire ?
Son amie lui répond :
- Tu pourrais essayer d'arriver à l'heure !

Quelle est la différence entre une femme et une clôture ?
- La clôture, tu n'as pas besoin de lui dire que tu l'aimes pour la sauter !

Une maman demande à la maîtresse d'école comment se comporte son fils en classe.
La maîtresse d 'école lui explique :
- Il est très intelligent, mais il perd beaucoup de temps à bavarder avec les filles.
Et la mère dit alors :
- Si vous trouvez le moyen de le corriger, dites-le-moi ! J'ai le même problème avec son père !

Qu'est-ce qui va le plus vite : une fille ou une mobylette ?
Eh bien, c'est la fille, parce que quand elle est bien réglée, elle fait du 100 !

En rentrant du travail le soir à la maison, le jeune papa est accueilli par son épouse, radieuse :
- Chéri, c'est merveilleux ! Notre bébé a dit son premier mot aujourd'hui !
- Ah oui ? répond le mari. C'est super ! Qu'est-ce qu'il a dit ?
- Tu vas être content, il a dit « papa » !
- Vraiment ? C'est mignon comme tout ! Quand cela s'est-il passé ?
- Tout à l'heure, quand on était au zoo devant la cage du gorille !

Une enseignante retient un gamin après
la classe et lui demande :
- Dis, pourquoi tes notes sont-elles de plus en plus mauvaises ?
- Parce que je suis amoureux.
- Oh que c'est mignon, c'est quelqu'un de la classe ?
- Oui madame, je suis amoureux de vous !
- De moi ? Mais ça n'a pas de sens, mon petit... Je compte
bien avoir un mari un jour, mais pas un enfant !
- Oh ne vous en faites pas, je mettrai un condom !

Un prêtre marche dans la rue et rencontre une jeune femme. Le prêtre dit :
- Bonjour ! Je vous reconnais. Je vous ai mariée il y a deux ans ! Alors, vous avez eu des enfants ?
La jeune femme répond :
- Non, pas encore, mon Père.
- Oh ! Je vais à Rome la semaine prochaine, j'allumerai un gros cierge pour vous, lui dit le curé.
Le temps passe et quatre ans plus tard, le prêtre rencontre la dame à nouveau :
- Alors, vous avez des enfants maintenant ?
- Oh oui, mon Père ! J'ai eu 2 enfants et j'attends des jumeaux ! s'exclame la jeune femme.
- N'est-ce pas merveilleux ? Et comment va votre mari ? demande le prêtre.
La dame dit alors :
- Eh bien, il est parti à Rome pour éteindre votre foutu gros cierge !

Un patron est en train de prendre sa secrétaire sur son bureau.
La secrétaire demande :
- Est-ce qu'il y est là ?
Le patron répond d'un air satisfait :
- Ouais, il y est tout entier.
Alors la secrétaire s'exclame :
- Ooooooh, qu'est-ce qu'il est gros !

Quelle est la meilleure position pour la femme durant l'amour ?
- Le 69, parce que madame fume le cigare pendant que monsieur fait la vaisselle !

Une femme et son mari jouent au golf. La femme demande :
- Si je meurs, vas-tu te remarier ?
Le mari répond sans émotion aucune :
- Oui...
Abasourdie, elle réplique :
- Va-t-elle habiter dans notre maison ?
Le mari répond tout aussi froidement :
- Oui...
La femme commence à avoir des sueurs froides :
- Va-t-elle coucher dans mon lit ?
- Oui...
La femme commence à paniquer :
- Va-t-elle utiliser mes bâtons de golf ?
- Ah, ça non. Elle est droitière...

C'est un riche industriel belge qui raconte à un de ses amis :
- Ma femme commence à être vraiment névrosée. En ce moment, elle fait une fixation sur ses manteaux de fourrure : elle a peur qu'on les lui vole. C'en est arrivé au point que l'autre jour, quand je suis rentré dans l'après-midi à la maison, j'ai vu qu'elle avait loué les services d'un gars pour les lui garder à domicile ! Et rends-toi compte, elle oblige ce pauvre gars à rester debout tout nu dans la garde-robe !

A la maternité, le père entre dans la chambre de sa femme qui a accouché. Il l'embrasse en pleurant, puis se retourne vers le berceau pour aller voir le bébé... qui est tout noir !
Horrifié, il recule, et sa femme lui lance illico :
- Espèce de salaud ! Tu ne vas pas continuer à me dire que tu ne couches pas avec la bonne sénégalaise !

C'est l'histoire d'un Cubain avec un sexe en bois (comme d'autres ont une jambe de bois). Un passant le voit se gratter les parties dans la rue et lui dit :
- Morpions ?
- Non, répond-il, termites !

Pourquoi une femme intelligente préfère-t-elle être célibataire ?
- Parce quelle préfère avoir un petit peu de bacon dans le frigo qu'avoir un gros porc dans le salon !

Inculpée dans une affaire de meurtre, une prostituée affirme :
- Monsieur le juge, j'ai passé la nuit du 6 au 7 octobre bien tranquillement dans mon lit. J'ai douze témoins qui peuvent le prouver !

L'homme finit sa douche, sort de la salle de bains et se couche nu dans le lit conjugal.
Il est en forme ce soir... et dès que sa femme le rejoint, il commence à la caresser.
Celle-ci lui annonce :
- Non pas ce soir, chéri, j'ai mal à la tête...
Son mari lui réplique :
- Ah ben ça tombe bien ! J'ai pensé à toi... Je me suis enduit le sexe d'aspirine ! Tu peux le prendre par voie orale !

Pourquoi les Anglais aiment-ils le sexe ?
- Parce qu'ils ont toujours un penny sur eux.

Ce cadre est déjà sexagénaire !
Ce sexe est déjà quadragénaire !

Le sexe est le moyen le plus facile et le plus amusant de perdre quelques kilos superflus. Voyons combien il est possible de perdre comme calories :

La déshabiller :
Avec son accord : 12 calories.
Sans son accord : 187 calories.

Lui enlever son soutien-gorge :
Avec les 2 mains : 8 calories.
Avec une seule main : 12 calories (25 pour les moins doués).
Avec la bouche : 85 calories.

Mettre un préservatif :
En érection : 6 calories.
Sans érection : 315 calories.

Pendant les préliminaires :
Chercher le clitoris : 8 calories.
Chercher le point G : 92 calories.
Sans rien chercher du tout : 0 calorie.

Pendant l'acte :
Par terre : 8 calories.
Sur le bureau : 12 calories.
En la portant : 45 à 1055 calories.

En fonction des positions :
Le classique "comme papa-maman" : 12 calories.
Le 69 allongé : 8 calories.
Le chandelier italien : 512 calories.
Le 69 debout : 1115 calories.

Grâce à l'orgasme :
Simulé : 315 calories.
Réel : 3112 calories.

Après...
Fumer une cigarette : 0 calorie.
Dormir : 0 calorie.
Lui expliquer pourquoi on s'est endormi : 816 calories.

Avoir une deuxième érection :
Entre 16 et 19 ans : 12 calories.
Entre 20 et 29 ans : 36 calories.
Entre 30 et 39 ans : 108 calories.
Entre 40 et 49 ans : 324 calories.
Entre 50 et 59 ans : 972 calories.
Après 60 ans : 2916 calories.

Se rhabiller :
Normalement : 32 calories.
En se dépêchant : 98 calories.
En entendant son mari rentrer du bureau : 1218 calories.

Un soir, un gars rentre tard chez lui et sa femme lui demande tout de suite d'où il vient.
- J'ai été me faire tatouer !
- Un tatouage ! Et où as-tu été te faire tatouer ?
- Je me suis fait tatouer un billet de 100 euros sur le sexe !
- Ah, on peut dire que tu es le roi, toi ! Mais quelle idée t'est encore passée par la tête ?
- Oh, je l'ai fait pour deux raisons :
Primo, parce que j'aime voir mon argent grossir...
Secundo, parce que comme ça, à chaque fois que tu voudras aller faire tes courses, tu pourras venir me pomper 100 euros !

Un gars fier de sa personne ouvre sa braguette et en montre le contenu à une belle femme en lui disant :
- Regarde ce beau soldat au garde à vous, fier de lui !
La jeune fille lui rétorque :
- Je vois plutôt un ivrogne couché sur 2 sacs de patates !

Deux Belges vont chercher de l'essence dans une station-service à la frontière franco-belge. La station est éloignée, mais ils veulent participer au concours organisé par le gérant de la station.
Ils font donc le plein et demandent au gérant s'ils peuvent participer au concours.
- OK, dit le gérant. Si vous gagnez, vous avez droit à une heure de sexe gratuite offerte par la maison.
- Et comment joue-t-on ? demandent les Belges.
- C'est simple, dit le gérant. Je vais penser à un nombre entre 1 et 10, si vous devinez ce nombre vous gagnez votre heure de sexe gratuite.
- OK. Je dis 7, répond le premier Belge.
- Désolé, c'était 8, dit le gérant.
La semaine suivante, ils retournent à la station, refont le plein et demandent à participer au concours.
- OK, dit le gérant. Je vais penser à un nombre entre 1 et 10, si vous devinez ce nombre vous gagnez votre heure de sexe gratuite.
- OK. Je dis 5, répond le premier Belge.
- Désolé, c'était 7, dit le gérant.
Sur le chemin du retour, le premier Belge dit à l'autre :
- Je suis sûr que ce concours est truqué.
- Je ne pense pas, répond le deuxième. Ma femme a gagné deux fois la semaine dernière.

Un garçon demande à un de ses copains :
- Cite-moi deux moyens de contraception.
L'autre lui répond :
- La pilule et le préservatif.
- Cite-moi deux monnaies étrangères.
- Le dollar et la livre.
- Cite-moi deux fleuves d'Italie.
- Je ne sais pas.
- A part le sexe et l'argent, il n'y a rien qui t'intéresse dans la vie !

Dans un hôpital, quelle est la salle
des urgences la plus érotique ?
- La salle de plâtrage car le chirurgien
bande et l'infirmière mouille.

Après six mois passés en haute mer, un matelot pénètre dans une maison accueillante sur le port, et il boit un verre avec deux jolies pensionnaires de l'établissement.
- Alors, mon joli, dit l'une, qu'est-ce qui te ferait plaisir ?
- J'aimerais bien une pipe, dit le matelot.
- Dans ce cas, c'est ma copine qui va te prendre en main. Moi, je suis au régime sans sel.

Cela se passe pendant un cours d'accouchement sans douleur. Les couples qui sont sur le point d'avoir leur premier enfant viennent apprendre ce qui les attend.
La sage-femme responsable du cours décide de commencer la séance par des rappels anatomiques du corps féminin :
- Nous allons commencer par le nombril et vous allez me nommer toutes les parties anatomiques du corps féminin en allant jusqu'à l'anus.
Alors tout le monde répond en chœur lorsque la sage-femme indique sur une planche anatomique contre un mur :
- Le pubis, le clitoris, les grandes lèvres, les petites lèvres...
Et puis la sage-femme indique la partie située entre le vagin et l'anus.
Personne ne répond, tout le monde sèche lamentablement.
La sage-femme insiste :
- Alors? Personne ne sait, vraiment ?
Alors un gars dans l'assistance lève la main et dit le sourire aux lèvres :
- Un pose menton !

Une femme, c'est comme une girouette,
quand elle vieillit, elle se fixe !

Qu'est-ce que l'homme ?
- C'est un portemanteau où la femme accroche sa fourrure.

Quelle est la différence entre un slip d'homme
et un slip de femme ?
- Le slip d'homme est un lieu de redressement et
le slip de femme est un lieu d'accueil.

La vie maritale est très frustrante. La première année de mariage, l'homme parle et la femme écoute. La deuxième année, la femme parle et c'est l'homme qui écoute. A partir de la troisième année, ce sont les deux qui parlent, et les voisins qui écoutent.

Une femme est bien faite ? Pour faire une femme il a fallu 5 corps de métiers :
Un boucher, un architecte, un tanneur, un menuisier et un tonnelier.
Sachant cela, la femme est-elle bien faite ?
Eh bien non car :
Le menuisier l'a mal rabotée et elle est pleine de bosses.
Le tonnelier l'a mal sertie et elle est pleine de trous.
Le boucher l'a mal saignée car ça recommence tous les mois.
Le tanneur lui a mal tanné la peau et il lui reste encore des poils.
Et la pire connerie a été faite par l'architecte : il a placé la salle de jeux à coté des WC.

Un bonhomme rentre dans une boutique de lingerie fine.
- Je voudrais acheter un soutien-gorge pour ma femme.
- Bien, quelle taille ? lui demande la vendeuse.
- La taille ? Ben, je ne sais pas !
- Euh, voyons... Elle a des seins comme des pamplemousses ?
- Oh non !
- Comme deux pommes alors ?
- Non plus, non !
- Alors comme deux œufs ?
- Oui, c'est ça ! Comme deux œufs brouillés !

Les curés sont consolés de ne pas être mariés quand ils entendent les femmes se confesser.

Qu'est-ce qu'une femme fidèle ?
- C'est une femme qui s'acharne sur un seul homme.

Quelle est la différence entre une femme infidèle et une fidèle ?
- La première a des remords, l'autre des regrets.

Il n'y a pas de femmes fidèles, il n'y a que des femmes non sollicitées.

Quel est le point commun entre une femme et un imperméable ?
- Dès que ça mouille, il faut les enfiler.

Robert discute avec son pote Roger au café :
- Je ne suis pas encore prêt pour me marier. Et puis ensuite, quand je serai prêt, il faudra que ma femme ait quelques qualités : elle devra être une ménagère économe à la cuisine, une bonne maîtresse de maison quand nous recevrons des amis, et au lit, elle devra mettre le feu tous les soirs !
Quelques années plus tard, Robert s'est enfin marié. Les deux amis se retrouvent devant un verre :
- Alors, Robert, finalement, tu t'es marié ?
- Eh oui, je me suis laissé attraper !
- Et alors, ta femme a toutes les qualités que tu voulais chez une femme ?
- Pas exactement. Disons que toutes les qualités y sont, mais pas dans l'ordre que j'espérais : ma femme brûle tout ce qu'elle prépare à manger à la cuisine, elle est une bonne maîtresse de maison quand nous recevons des amis, mais le pire, c'est que c'est au lit qu'elle est la plus économe.

Commencer une vie à deux avec un homme, c'est un peu comme acheter un bibelot que vous avez admiré longtemps dans une vitrine : vous êtes énervée comme une puce lorsque vous le ramenez à la maison, mais rapidement, vous vous rendez compte qu'il ne va pas avec le reste des meubles.

Faites l'amour, pas la guerre, ... ou alors, faites les deux : mariez-vous !

C'est un homme très timide, bien équipé et qui est en érection permanente. Très gêné (ça fatigue et en plus en caleçon, ça se voit), il se décide enfin à aller voir un médecin.
Il décide de choisir un médecin femme car il ne veut pas être vu par un homme. Arrive le jour du rendez-vous. Gêné, il explique son cas d'érection permanente et demande :
- Docteur, que pouvez-vous faire pour moi ?
- Il faut que j'étudie la question, revenez demain vers 16h.
Il revient le lendemain vers 16h :
- Alors, docteur, qu'avez-vous à me proposer ?
- Ecoutez, j'en ai discuté avec ma sœur, nous vous proposons 1000 euros par mois, logé, nourri et blanchi.

Dans le compartiment d'un train, trois femmes s'épanchent sur leurs adultères respectifs :
La première:
- Non, je ne peux lui cacher toute cette vérité, je raconterai tout à mon mari.
La deuxième:
- Quel courage !
La troisième :
- Quelle mémoire !

L'homme est une chose qui est sorti de la femme un jour et qui passe toute sa vie à tenter d'y retourner.

Un culturiste emmène une fille dans sa chambre, l'installe sur le lit, et commence un strip-tease. A chaque fois qu'il enlève un vêtement, il montre l'un de ses muscles en disant :
-Tu vois ça, c'est de la dynamite.
Cela commence par ses biceps : de la dynamite. Puis ses pectoraux : de la dynamite. Il les énumère tous : de la dynamite. Il finit par ses cuisses : de la dynamite. Et lorsqu'il enlève son slip, la fille lui demande :
- Mais dis-moi, c'est pas dangereux autant de dynamite avec une si petite mèche ?

Pourquoi les hommes épousent-ils des vierges?
- Ils ne supportent pas la critique.

Un homme, c'est un peu comme une tempête de neige...
- Tu ne sais pas quand il arrive, tu ne sais pas combien de centimètres tu auras, et tu ne sais pas combien de temps ça durera.

L'homme a découvert les armes et il a inventé la chasse.
La femme a découvert la chasse et elle a inventé les fourrures.

L'homme a découvert les couleurs et il a inventé la peinture.
La femme a découvert la peinture et elle a inventé le maquillage.

L'homme a découvert les mots et il a inventé la conversation.
La femme a découvert la conversation et elle a inventé le bavardage.

L'homme a découvert le jeu et il a inventé les cartes.
La femme a découvert les cartes et elle a inventé la sorcellerie.

L'homme a découvert l'agriculture et il a inventé la nourriture.
La femme a découvert la nourriture et elle a inventé le régime.

L'homme a découvert l'amitié et il a inventé l'amour.
La femme a découvert l'amour et elle a inventé le mariage.

L'homme a découvert les femmes et il a inventé le sexe.
La femme a découvert le sexe et elle a inventé les maux de tête.

Quelle est la pire chose que votre femme puisse vous dire ?
- Aucun de tes amis ne pense que je suis frigide !

Il vaut mieux avoir une femme entre les mains que sur les bras.

Comment les femmes mariées notent-elles leur mari au lit ?
- Un bon amant s'endort tout de suite après l'amour, un amant médiocre s'endort pendant l'amour,
et un mauvais amant s'endort avant de faire l'amour et se réveille 30 minutes plus tard en demandant si sa femme a joui.

Un skieur et une skieuse se sont cachés derrière un bosquet. Ils sont allongés dans la neige, un peu emmêlés, et la femme gémit :
- Oh là là ! C'est exquis, c'est exquis !
L'homme choqué réplique :
- Mais non, ce ne sont pas mes skis !

Une femme va voir son docteur. Elle se plaint de douleurs dans les genoux. Après avoir fait tous les tests possibles et imaginables, le docteur s'apprête à lui avouer son "incompétence", mais quelque chose le chiffonne...
- Dites-moi, êtes-vous sûre de m'avoir tout dit ?
- Eh bien, dit-elle un peu honteusement, mon mari et moi faisons l'amour tous les soirs en levrette à même le sol !
- Cela doit être ça, dit le docteur, il y a une quantité d'autres positions pour faire l'amour !
- Pas si vous regardez la TV en même temps...

Une jeune fille entre dans le cabinet d'un psychiatre. Celui-ci est assis derrière son bureau en train de lire des papiers.
Le psychiatre :
- Déshabillez-vous.
La jeune fille, surprise, rougit, mais commence à ôter sa robe.
Le psychiatre s'impatiente :
- Allez, allez, on ne va pas y passer la nuit.
La jeune fille enlève ses bas, hésite encore.
- Allez, allez, enlevez-moi tout ça !
Penaude, elle s'exécute, enlève son soutien et sa culotte.
A ce moment-là, le psychiatre se lève d'un bond, se déshabille prestement, se jette sur la fille et la prend violemment.
Vingt minutes après, il se relève, se rhabille, et dit :
- Bon, maintenant que mon problème est résolu, passons au vôtre.

Mon type de femme ? Simple : celles qui veulent.

C'est l'histoire d'une femme qui se réveille avec deux points noirs à l'intérieur des cuisses. Elle va voir son médecin qui après une analyse minutieuse de la chose va chercher un pot rempli d'éther. Avec un coton, il lave la tache et demande à la patiente :
- Votre mari est gitan ?
- Oui !
- Eh bien, vous lui direz que ses boucles d'oreilles ne sont pas en or !

Comment fait-on pour épouser une femme jeune, belle, riche et intelligente ?
- On se marie quatre fois !

J'ai été proposé comme président de la Fédération des Maris Opprimés.
- As-tu accepté?
- Bah non, ma femme n'a pas accepté !

Un homme et une femme aux cheveux bruns ont un enfant. Seul problème, leur enfant est roux. Intrigués, ils vont voir un médecin pour lui demander une explication avant d'envisager (surtout pour le mari) d'autres hypothèses.
Le médecin leur demande:
- Vous faites l'amour tous les combien ? Tous les jours ?
- Oh non, non...
- Toutes les semaines ?
- Non, non...
- Tous les mois alors ?
- Non, non, même pas.
- Alors tous les deux mois ?
-...
- Tous les six mois alors ?
- Oui, c'est à peu près ça.
- Alors, ne cherchez plus, c'est la rouille.

Dans un bar, un homme se tourne vers une femme très séduisante et lui dit :
- On ne se serait pas déjà vus quelque part ?
La jolie dame répond d'une voix bien forte :
- Oui, oui, nous nous sommes déjà rencontrés à mon travail : je suis la secrétaire du Docteur Yohimbine, le spécialiste des maladies vénériennes.

Une femme dit à son amie :
- Je ne comprends pas pourquoi tu n'as pas encore changé de gynécologue. Regarde le mien, il est si jeune et si charmant ! Alors que ton gynécologue est tellement vieux !
L'amie lui répond avec un sourire :
-Oui, c'est vrai. Ses mains tremblent tout le temps !

A la maternité, une jeune maman ayant tout juste accouché, sort de son lit en robe de chambre et se dirige vers le bureau des infirmières où elle demande un annuaire téléphonique.
- Qu'est-ce que vous faites ici ? Vous devriez être dans votre chambre en train de vous reposer, dit le médecin accoucheur.
- Je voulais juste trouver un nom pour mon bébé dans l'annuaire.
- Mais enfin, vous n'avez pas à faire cela. Lorsque vous êtes arrivée, l'hôpital vous a bien fourni un petit livre pour vous aider à choisir un prénom pour votre enfant ?
- Vous ne comprenez pas... j'ai déjà trouvé le prénom...

Une mère et sa fille sont dans le cabinet du gynécologue. La mère demande au docteur d'examiner sa fille :
- Elle a certains symptômes qui m'ont poussé à vous l'amener, dit la mère.
Le docteur examine la fille, puis annonce :
- Madame, je crois que votre fille est enceinte.
La mère s'écrie :
- Ce n'est pas possible ! Comment ma petite fille adorée pourrait-elle être enceinte ?
Elle se tourne vers sa fille :
- Dis-moi, chérie, tu n'as jamais été avec un homme, n'est-ce pas ?
- Oh non, maman, répond la fille. Tu sais bien que je n'ai même jamais embrassé un garçon !
Le docteur regarde alors la mère en silence, puis la fille. Puis, toujours en silence, il marche vers la fenêtre et regarde le ciel. Cela dure quelques minutes, jusqu'à ce que la mère dise :
- Docteur, quelque chose ne va pas ?
- Non, madame, répond-il. C'est juste que la dernière fois qu'une chose semblable s'est produite, une étoile est apparue à l'Est dans le ciel pour l'annonce de l'Ange Gabriel à Marie, mère de Jésus... alors j'étais en train de regarder s'il n'y avait rien de nouveau à l'horizon.

Que faire si votre petite amie commence à fumer ?
- Ralentissez la cadence et utilisez un gel lubrifiant.

Quel est l'autre nom pour le majeur (le doigt) ?
- Whiskas, parce qu'il est recommandé pour les chattes difficiles.

C'est un séminaire médical. Au cours d'un des nombreux banquets prévus, un médecin homme repère un médecin femme. Ils font connaissance, et elle accepte un rendez-vous pour un dîner au restaurant en tête-à-tête.
Au restaurant, avant de s'asseoir à la table, elle s'excuse pour aller se laver les mains aux toilettes. Après le dîner, elle s'excuse à nouveau pour aller se laver les mains.
La soirée se poursuit dans un bar branché de la ville, puis le médecin homme convainc la médecin femme de le suivre dans sa chambre d'hôtel.
Avant de se laisser aller à leurs pulsions sexuelles, la femme s'excuse pour aller se laver les mains une fois encore... Ensuite ils commencent leurs ébats.
Quand ils ont terminé, la femme se lève en disant qu'elle va se laver les mains. Lorsqu'elle revient, le médecin homme lui dit :
- Je parie que tu es chirurgien !
La femme lui confirme qu'il a raison et lui demande comment il a deviné.
Alors son confrère répond :
- Facile, tu es toujours en train de te laver les mains.
Alors la femme dit :
- Eh bien moi, je parie que tu es anesthésiste !
L'homme répond alors :
- C'est vrai ! Comment as-tu deviné ?
Elle avoue alors :
- Parce que je n'ai rien senti.

Une dame se rend chez son médecin.
- Voilà Docteur, j'ai un gros problème... mon quatrième mari vient de mourir du tétanos comme les trois précédents !
- Eh bien, Madame, un conseil : changez donc de stérilet...

Un chirurgien vient voir sa patiente le lendemain matin après l'opération.
La patiente lui demande :
- Docteur, combien de temps devrai-je attendre avant de reprendre une vie sexuelle normale ?
Le chirurgien est stupéfait de la question, et après un silence il lui répond :
- J'avoue n'y avoir jamais pensé. Vous êtes la première qui me pose une question pareille après une opération des amygdales.

Quelle est la différence entre un livre et une femme ?
- Le livre commence par l'introduction et se finit par l'index.

En pleine nuit, une femme affolée téléphone au pédiatre :
- Docteur ! C'est terrible, mon bébé vient d'avaler un préservatif !
- Calmez-vous, madame, j'arrive tout de suite...
Le docteur s'habille en vitesse, et il est sur le point de sortir lorsque le téléphone sonne à nouveau :
- Docteur ! C'est encore moi. Ce n'est pas la peine de vous déplacer... Nous avons trouvé un autre préservatif !

Un docteur et sa femme ont une violente dispute le matin.
Le médecin finit par hurler à sa femme :
- Tu es nulle au lit !
Et il s'en va immédiatement au boulot.
Dans la matinée, pris par les remords, il décide d'appeler sa femme au téléphone pour s'excuser et tenter de faire la paix.
Le téléphone sonne, sonne, sonne encore...
Après plus d'une minute de sonnerie, la femme décroche, la voix haletante d'avoir couru :
- Où étais-tu pour être essoufflée comme ça ? demande le médecin.
- J'étais dans la chambre, en haut.
- Et qu'est-ce que tu faisais encore au lit à 11 heures du matin ?
- C'était pour avoir un deuxième avis.

La mère Michel a amené sa chatte en consultation chez le vétérinaire :
Des poils poussent dans le creux des oreilles de l'animal. La chatte se gratte sans arrêt en miaulant.
Le vétérinaire lui conseille de lui appliquer régulièrement une crème dépilatoire.
La mère Michel se rend à la pharmacie la plus proche et demande l'assistance du pharmacien pour choisir le produit le mieux adapté au besoin. Certains étant meilleurs pour les jambes et d'autres plus doux et plus faciles à enlever...
- Est-ce que je peux savoir, Madame, à quel usage vous destinez cette crème ?
- C'est pour ma chatte !
- Dans ce cas, je vous recommande ce produit... Et évitez de faire du vélo pendant une semaine.

Un dame confie à son amie :
- Je connais un gynécologue complètement sourd...
- Ah bon ?
- Oui et d'ailleurs ça ne le gêne pas pour travailler, il lit sur les lèvres.

Une femme arrive chez le dentiste. Elle dit à l'assistante du dentiste qui la reçoit :
- Je viens pour me faire retirer une dent.
Alors l'assistante lui répond :
- Eh bien, vous en avez du courage !
Et la patiente répond :
- Oh ! Vous savez, je préférerais encore avoir un bébé !
Alors le dentiste intervient et dit :
- Pas de problème madame. J'ai juste la position du fauteuil à changer.

A quoi reconnaît-on un Belge dans une partouze ?
- C'est le seul à baiser sa femme.

Qu'est-ce qu'un livreur de pizzas et un gynécologue ont en commun ?
- Tous les deux peuvent sentir, mais pas goûter.

La veille de la fête des pères, les parents de Toto sont très occupés dans leur chambre... Toto, entendant des bruits étranges, regarde par le trou de la serrure et voit son père baisser son pantalon et dire à son épouse :
- Fais-moi une pipe !
Le lendemain, la maman de Toto l'appelle et lui dit :
- Tiens, va offrir à papa le cadeau que je lui acheté pour la fête des pères.
Quelle n'est pas la surprise de Toto quand son père déballe le cadeau : une pipe !
Aussitôt, Toto baisse son pantalon et dit à sa mère :
- Fais-moi une bicyclette !

Savez-vous quel est le meilleur moyen
contraceptif chez les Belges ?
Le lance-pierres... Pour tirer sur les cigognes !

Un Belge fait le trajet Paris-Lyon en voiture. Il prend une auto-stoppeuse en minijupe.
Celle-ci commence à lui faire du charme.
A l'entrée de Lyon, le Belge lui frôle la jambe par mégarde en changeant de vitesse. La fille le regarde droit dans les yeux et lui dit :
- Tu peux aller plus loin, tu sais !
Et le Belge prend la direction de Marseille.

C'est Toto et sa petite voisine Jessica.
Ils sont toujours en train de se taquiner. Si l'un a reçu un cadeau pour son anniversaire, l'autre recevra forcément quelque chose de mieux au sien.
Un jour, Jessica reçoit un vélo comme cadeau.
Problème : les parents de Toto lui disent qu'il n'a pas besoin d'un vélo.
Alors Jessica en profite pour passer et repasser devant la maison de Toto.
Celui-ci est terriblement énervé et triste de cette situation et il se met à pleurer et crier devant tant d'injustice !
Le papa de Toto lui demande alors ce qui le met dans cet état.
Toto lui raconte ce qui se passe et le papa lui dit quelques mots à l'oreille. Immédiatement, Toto arbore un grand sourire.
Le lendemain, Jessica est à nouveau en train de parader avec son vélo devant la maison de son voisin :
- Eh Toto, t'as vu mon vélo ? T'en as pas un pareil, hein ?
Alors Toto lui fait une grimace et baisse son pantalon devant elle en disant :
- Ah ouais? Eh bien regarde ça ! C'est quelque chose que tu n'auras jamais !
Jessica sachant que Toto dit vrai rentre chez elle en pleurant.
Elle raconte à sa mère ce qui s'est passé. Alors sa mère, pour la consoler, lui dit quelques mots à l'oreille.
Le lendemain, Toto arrive fièrement devant Jessica et baisse son pantalon tout en faisant une grimace, pour lui montrer son trésor.
Mais Jessica sourit, soulève sa robe et montre ainsi son sexe à Toto en disant :
- Tiens, regarde ! Ma mère m'a dit qu'avec ce trésor-ci, je pouvais avoir des trucs comme le tien autant que je le voulais !

C'est Toto qui rentre à la maison pour dîner, après avoir passé tout le mercredi après-midi dehors.
La maman lui demande ce qu'il a fait toute l'après-midi et Toto dit :
- J'ai d'abord joué au foot avec les copains.
Ensuite les autres sont partis, alors je suis allé voir Sandrine, la fille des voisins. On s'est promis qu'on allait se marier !
La maman trouve son petit Toto adorable, et, ne voulant aucunement se moquer de lui, elle continue :
- Et comment allez-vous faire pour les frais du mariage ?
Toto répond :
- Ben, avec les 2 euros que Papa et toi me donnez comme argent de poche chaque semaine, et les 2 euros que Sandrine récolte chaque semaine elle aussi, cela devrait aller.
Alors le papa demande :
- Ah oui, c'est bien ! Mais comment ferez-vous pour les dépenses supplémentaires si Sandrine et toi avez un petit bébé ?
Et Toto :
- Ben... Jusqu'ici, on a eu de la chance...

Pendant la classe, dans l'Égypte antique, en pleine dictée...
Le petit Aménophis pousse du coude son voisin :
- Eh, pssst ! Viril, ça s'écrit avec une ou deux couilles ?

Le viagra existe aussi en pommade. Mais il a un effet secondaire : le bras reste tendu pendant deux heures...

Une jeune professeur de math demande à un type qui la drague :
- Tu me demandes un baiser après m'avoir payé un verre. Si on applique la règle de trois, que vas-tu me demander après le resto ?

Peu de temps après s'être marié avec une très jeune femme, un monsieur de 90 ans voit son docteur et lui dit que sa femme attend un enfant.
- Laissez-moi vous raconter une histoire, dit le docteur.
- Un homme très distrait part à la chasse. Mais à la place de son fusil, il prend son parapluie. Pendant qu'il traque, un ours le voit et fonce sur lui. L'homme distrait pointe alors son parapluie vers l'ours, il tire et le tue sur le coup.
- Impossible ! s'exclame le monsieur de 90 ans. Quelqu'un d'autre a dû tirer sur l'ours.
- Exactement, répond le docteur.

C'est le jour de la rentrée à l'internat du Lycée mixte André Malraux. Le directeur de l'établissement, puis le principal, y vont de leur discours d'accueil, et surtout de leurs recommandations :
- Le dortoir des filles est défendu pour tous les garçons, et de la même manière, le dortoir des garçons est défendu pour les filles. Quiconque sera surpris en train d'enfreindre cette règle pour la première fois devra payer une amende de 5 euros.
À la deuxième infraction, l'amende est de 15 euros et la troisième fois, l'amende sera de 30 euros. Y a-t-il des questions ?
Et à ce moment-là, un jeune homme s'avance et demande timidement :
- C'est combien si on veut un laissez-passer pour l'année ?

L'inspecteur vient contrôler une jeune maîtresse dans une classe. Il arrive au tout début de la leçon d'histoire qui porte sur Charles VII et Jeanne d'Arc.
Après les présentations d'usage, l'inspecteur va s'asseoir au fond de la classe, à côté de Toto.
La maîtresse pose la question suivante :
- Que dit l'évêque Cauchon quand il vit Jeanne d'Arc sur le bûcher ?
Juste à la fin de la question, l'inspecteur arrive au fond de la classe, fait un demi-tour pour s'asseoir et il voit alors la maîtresse de dos qui, en extension, écrit en haut du tableau noir (la minijupe ne cachant plus grand-chose).
En s'asseyant, l'inspecteur ne peut s'empêcher de dire, à voix très très basse :
- Oh ! Quel beau cul !
Juste à ce moment, Toto lève le doigt et dit :
- Moi maîtresse, moi maîtresse, je sais !
La maîtresse hésite à interroger Toto, mais il est le seul à lever le doigt...
- C'est bien, mon petit Toto. Viens donner la réponse à tes camarades. Toto monte au bureau à côté de la maîtresse.
- Alors Toto, qu'a dit l'évêque Cauchon ?
- Oh ! Quel beau cul !
- Pif, Paf. Toto ramasse deux gifles et retourne, tout penaud, à sa place.
En s'asseyant à côté de l'inspecteur, il lui dit à voix basse :
- Quand on ne sait pas, on ne souffle pas !

Comment appelle-t-on un gay qui redevient hétérosexuel ?
- Un gay-ri.

Au cirque Sexus à Pigalle, un dompteur fait son boniment :
- Et maintenant, mesdames et messieurs, je vais vous montrer un numéro unique au monde : je vais introduire mon sexe dans la gueule du crocodile, et le ressortir intact !
Roulements de tambour, le type s'exécute, et ressort son zizi intact sous les applaudissements du public médusé.
- Et maintenant, mesdames et messieurs, encore plus fort : je vais refaire le numéro, mais cette fois mon assistant va donner un coup de marteau sur la mâchoire du crocodile, pour bien montrer que ce n'est pas truqué !
Roulements de tambour, le dompteur introduit sa zigounette dans la gueule du reptile, l'autre gars assène un coup de marteau sur la tête du croco, et hop ! le type ressort son sexe indemne...
Applaudissements dans la salle...
- Et maintenant, si quelqu'un dans l'assistance veut tenter l'expérience...
Silence de mort dans les gradins... jusqu'à ce qu'une femme se lève et dise :
- Moi, je veux bien essayer, mais à condition de ne pas recevoir de coup de marteau sur la tête !

L'histoire se passe en Italie. Un petit garçon (le petit Toto italien) interrogé par sa maîtresse raconte comment il a passé son dimanche :
- Dimanche, avec mes parents, nous sommes allés en pèlerinage à Notre-Dame de Turin. On a prié la vierge Marie pour que ma grande sœur, qui est mariée depuis 5 ans puisse enfin avoir des enfants. Ensuite nous sommes allés faire un pique-nique parce qu'il faisait beau, et puis nous sommes rentrés. Il faut croire qu'on a mal fait nos prières, ou alors qu'on ne s'est pas bien compris avec la madone. Toujours est-il que quand nous sommes rentrés à la maison, ma sœur de 16 ans nous annonçait qu'elle était enceinte alors qu'elle n'est même pas mariée !

Un sondeur d'opinion demande à un homme :
- Est-ce que vous êtes pour l'éducation sexuelle ?
- Oui, mais à condition que ce ne soit pas à l'école !
- Et pourquoi ?
- Parce qu'à l'école, j'ai appris des tas de trucs qui m'ont dégoûté pour le restant de mes jours !

Un couple de grands-parents reçoit ses petits-enfants pour le week-end.
Le soir avant de se coucher, la grand-mère va dans la chambre d'Isabelle, sa petite-fille de 19 ans, pour lui dire bonsoir.
A sa grande stupeur, celle-ci est toute nue.
- Ma chérie, qu'est-ce que c'est que cette tenue ? lui demande-t-elle.
- Mais enfin, grand-mère, c'est la chemise de nuit de l'an 2000 ! répond Isabelle.
Un peu désorientée, la grand-mère se rend alors dans la chambre d'Eric, 17 ans, et le trouve nu également.
- Mais, Eric, que fais-tu tout nu ?
- Ben, grand-mère, c'est le pyjama de l'an 2000 ! lui répond Eric.
Décidant alors de faire pareil pour surprendre son mari, la grand-mère se déshabille entièrement et retourne dans sa chambre.
Devant son air ébahi, elle lui explique :
- Tu vois, Marcel : voilà la chemise de nuit de l'an 2000 !
Et Marcel lui rétorque :
- Tu aurais quand même pu la repasser avant !

Durant la deuxième guerre mondiale, un Allemand rentre en enfonçant la porte d'une maison, se précipite sauvagement dans la pièce, casse tout, et aperçoit, dans le grenier, une adolescente, très belle, et sa grand-mère apeurées. Alors il se rue sur la jeune fille, et abuse d'elle. Puis, il se dirige vers la porte pour sortir.
Et la grand-mère dit :
- Oh ! Pas si vite ! C'est la guerre pour tout le monde, non ?

Un souteneur rentre dans la pharmacie du quartier où travaille son "cheptel".
- Salut ma poule, dit-il à la pharmacienne, je voudrais une capote pour tester mes tapineuses parce que je n'ai pas envie de me choper le chtouille au cas où y'en aurait une de plombée...
- Monsieur, dit posément la pharmacienne, vous êtes d'une vulgarité répugnante. Sortez, et revoyez votre langage. Je ne vous servirai que lorsque vous vous exprimerez correctement.
Impressionné, le type sort, fait le tour du pâté de maison et revient :
- Bonjour madame la pharmacienne, dit-il. Pour vérifier par conscience professionnelle la qualité du travail de mes jeunes protégées et afin d'éviter toute contamination accidentelle due au manque d'hygiène de certains de leurs clients, je voudrais une capote.
- Non, monsieur, répond la pharmacienne. On ne dit pas capote. Il y a d'autres mots plus châtiés pour désigner cet objet. Sortez et recommencez !
Furieux, le gars sort de la pharmacie. Et brusquement il a la révélation. Il entre de nouveau dans l'officine, un large sourire aux lèvres, et lance à la pharmacienne :
- Bonjour madame, je voudrais un bleu de travail pour mon petit ouvrier !

La femme d'un PDG d'une grande boîte se lasse de passer ses journées à ne rien faire, et de ne jamais voir son mari qui part le matin vers 6h et rentre le soir vers 22h.
Elle connaît déjà tous les magasins par cœur, et tous les épisodes des séries qui passent l'après-midi sur M6.
Et puis un beau jour, elle décide d'apprendre à jouer au golf afin de pouvoir accompagner son mari le week-end. Alors elle contacte un club et prend rendez-vous pour son premier cours.
Son moniteur, un homme vêtu de blanc, lui parle d'un ton très courtois et lui demande :
- Avez-vous, chère madame, déjà joué au golf ?
- Non, monsieur, jamais, j'ai juste vu mon mari à plusieurs reprises.
- Bon, je vais vous expliquer aujourd'hui comment envoyer la balle. Pour cela, vous devez savoir tenir le club. Savez-vous au moins que ce manche s'appelle un club ?
- Oui, monsieur, bien sûr, monsieur.
- Bon, reprenons, d'abord, vous tenez le club fermement entre vos deux mains, les bras vers le bas et les jambes légèrement écartées.
La femme s'exécute.
- Comme ceci, monsieur ?
- Pas exactement, madame, tenez-le plus fermement, sinon il va s'échapper. Serrez-le fort. Plus fort.
- Comme ceci ?
- Ah non, ça ne va pas, c'est votre façon de le tenir qui ne va pas.
Il se retourne et regarde partout autour de lui et lui parle à voix basse.
- Faites plutôt comme si vous teniez le sexe de votre mari. Vous avez déjà vu le sexe de votre mari, madame ?
La femme rougit.
- Euh, oui, monsieur, bien sûr.
Elle change complètement sa façon de tenir le club.
- Et comme ceci, ça va mieux ?
- Ce serait parfait si vous le sortiez de votre bouche !

Deux clitoris discutent :
- Il paraît que tu es frigide ? fait le premier.
Et l'autre répond :
- Ceux qui disent cela sont des mauvaises langues !

C'est l'histoire d'un Mexicain qui se rend au Bois du Boulogne pour passer du bon temps. Là, il rencontre une charmante créature qui lui plaît. Il l'aborde et lui demande ses tarifs. Ce que le Mexicain ne sait pas, c'est qu'il a affaire à un travesti. Ce travesti ne voulant dévoiler ce détail lui annonce donc son tarif :
- 100 euros par devant, 15 euros par derrière.
Le choix est très vite fait : ce sera par derrière. Ils se rendent donc dans un hôtel, et très rapidement, ils se retrouvent dans un lit et passent aux choses sérieuses. Au moment le plus animé de la soirée, les mains du Mexicain descendent peu à peu vers l'avant de sa compagne. Alors, il croit sentir un objet qui lui est familier et il s'exclame :
- Caramba ! Je crois que ça a traversé !

Une petite fille demande à son père :
- Quand aurai-je aussi une zigounette.
Son père lui explique alors :
- Si tu es sage, quand tu te marieras, tu en auras une pour toi toute seule.
- Et si je ne suis pas sage ? demande la fillette.
Il répond :
- Alors tu en auras plusieurs !

Deux putes dans un ascenseur discutent :
- Dis donc, tu ne trouves pas que ça sent le sperme ici ?
- Oui, excuse-moi, j'ai fait un renvoi.

C'est un môme qui frappe à la porte de l'école qu'il a quittée une heure plus tôt. On lui rouvre et le gardien lui demande :
- Qu'est-ce qu'il y a ?
- Je viens chercher mon stylo... je l'ai oublié !
- Mais, tu ne pouvais pas attendre demain ?
- Ah non ! Hier, ma sœur est rentrée de l'école sans ses règles, j'aime autant vous dire qu'elle s'est fait disputer comme jamais !

Une jeune femme explique à son médecin :
- Docteur, docteur, je ne parviens pas à avoir d'enfant !
- Bon, déshabillez-vous et attendez-là.
- C'est que... Docteur, j'aimerais autant qu'il soit de mon mari.

Un père dit à son gosse :
- Bon ! Maintenant, tu es grand ! Dans la vie, il n'y pas que les billes, il n'y a pas que les poupées de ta sœur, et il n'y a pas que les jeux. Il y a des choses plus importantes que ça, par exemple le sexe. Cela te plairait-il que l'on parle du sexe ?
- Oui papa ! Pas de problème ! Qu'est-ce que tu veux savoir ?

Quelle est la différence entre un jeune homme jouant à la roulette russe et un vieux monsieur occupé avec une jolie jeune fille ?
- Le premier n'arrête pas de penser : pourvu que le coup ne parte pas !

Dans le sous-sol d'une grande brasserie, un homme entre en trombe dans les toilettes pour dames. La préposée se précipite derrière lui en criant :
- Oh ! monsieur, monsieur ! C'est pour les dames !
Alors le type se retourne, ouvre sa braguette, et sort son sexe en disant :
- Et ça, c'est pour qui ?

Comme tous les matins, dans un petit hôtel de campagne, les femmes de ménage passent l'aspirateur dans les chambres.
Tout d'un coup, l'une d'entre elles, stoppe net son activité, et interpelle sa collègue :
- Dis donc Anne, le monsieur et la dame de la 22, ils ont dîné dans leur chambre hier ?
- Oui, ils ont mangé des abricots farcis.
- Tu en es sûre ?
- Oui, oui insiste Anne. La dame disait au monsieur : « Qui c'est qui va se le farcir mon petit abricot ? » et le monsieur aimait drôlement ça, parce qu'il disait : « C'est bon, c'est bon ! »
- Eh bien, figure-toi qu'ils ont mangé du saucisson aussi, dit la première.
- Comment sais-tu cela ?
- Parce que je viens de trouver la peau sur la carpette !

C'est la fête à la ferme. Sylvette vient d'épouser Germain. Elle est contente mais inquiète. Elle va voir sa mère et lui demande :
- Maman, j'aimerais bien savoir.... Comment ça va se passer la nuit de noces ?
- C'est très simple ma fille. Ce soir, tu te coucheras et lorsque ton mari te rejoindra, tu le laisseras faire. Tu connaîtras alors les vraies joies de l'amour.
Rassurée, Sylvette se couche et attend son homme. Germain rentre dans la chambre, le costume de noces entièrement débraillé, et il s'effondre sur le lit dans un superbe ronflement. Le lendemain, Sylvette déçue va voir sa mère, qui lui dit :
- Ma fille, j'ai la solution. Ce soir, tu vas te coucher, et si ton mari ne te touche pas, demain matin, au chant du coq, tu entrouvres les volets de ta chambre pour qu'un rayon de soleil tombe sur le lit et éclaire l'endroit le plus intime de ta personne. Ensuite, tu réveilles ton Germain, en lui montrant l'objet du désir et là, crois-moi, il va comprendre.
Evidemment le soir, Germain se couche sans même un mot gentil pour sa femme. Au petit matin, après le cocorico du coq, Sylvette ouvre les volets et laisse entrer le rayon du soleil qui tombe sur le lit comme prévu. Elle s'allonge toute nue dessous, et réveille son Germain.
- Mais pourquoi tu me réveilles si tôt, la Sylvette ?
Un tendre sourire aux lèvres, la jeune épouse lui désigne la toison légère que les rayons du soleil éclairent délicatement.
- Regarde ! lui dit-elle.
Sursautant, le rustre prend alors son sabot, le brandit et juste avant de l'abattre, il s'écrie :
- Araignée du matin, grand chagrin !

Un industriel français participe à un déjeuner d'affaires avec des acheteurs africains. L'alcool aidant, la conversation se dégrade :

- Comment se fait-il que vous autres Noirs, vous ayez une telle réputation auprès des femmes ?

L'acheteur africain répond :

- C'est tout simplement une question de technique. Quand vous faites l'amour, vous devez pénétrer très lentement en faisant des huit avec vos hanches, et presque à la fin vous accélérez brusquement en donnant un coup de reins. Et ainsi de suite. Vous verrez ça rend les femmes folles !

Le soir dans le lit conjugal, l'industriel décide de tester la technique avec sa femme. Il la prend dans ses bras, fait des huit avec ses hanches en la pénétrant lentement, et brusquement accélère en donnant un grand coup de rein. Et au bout d'un moment, sa femme lui dit :

- C'est drôle, chéri....ce soir tu baises comme un Noir !

C'est l'histoire d'un type qui avait 5 zizis.
- Et son slip lui allait comme un gant.

Un type dit à son meilleur copain :
- Hier soir, vois-tu, j'ai sauvé une fille d'un viol !
- Toi ? Mais comment as-tu fait ?
- J'ai réussi à la convaincre de coucher avec moi !

Des jeunes mariés décident de s'offrir un repas en amoureux au restaurant. Ils choisissent donc un petit restaurant bien sympa, et s'installent à une table. Le garçon vient leur présenter la carte.

- Que prendrez-vous comme apéritif ? demande le garçon.

L'épouse répond :

- Pour moi, un kir royal !

- Et pour monsieur ? continue le garçon.

- Un jus de carotte ! dit la femme.

- Puis-je prendre votre commande, s'il vous plaît ? demande le serveur.

- Pour moi, en entrée un tartare de saumon, en plat un turbo lardé aux truffes et au foie gras et en dessert une omelette norvégienne ! dit la femme.

- Et pour monsieur ?

Alors la femme répond :

- En entrée des carottes râpées, en plat un bœuf carottes, et en dessert un givré de carottes !

Le garçon interloqué veut des explications et demande :

- Pourquoi demandez-vous toujours des carottes pour monsieur ? Des carottes râpées en entrée c'est normal , un bœuf carottes en plat cela passe malgré notre splendide carte, mais un givré de carottes en dessert, c'est étonnant ! Expliquez-moi, s'il vous plaît.

La femme rétorque :

- Ecoutez, monsieur, quand on baise comme un lapin, et bien on mange comme un lapin !

C'est le printemps ! Les bourgeons éclatent. Le vieux père Marcel rentre des champs, il arrive dans la chambre et crie à sa femme :
- Allez la Marie ! Hop ! Déshabille-toi !
- Mais qu'est-ce qu'il t'arrive ? dit-elle alors tout étonnée. Cela fait bien 10 ans que tu ne m'as plus fait l'amour.
- Ne réfléchis pas ! Allez ! hop ! Déshabille-toi je te dis ! Je ne peux plus tenir !
La Marie heureuse de voir que son mari s'intéresse pour une fois à elle, est tout excitée et s'exécute immédiatement.
- Ça y est ? T'as tout enlevé ? T'es bien toute nue ?
- Oui, ça y est, je suis à toi !
- Ah ! Ah ! Poisson d'avril ! répond le vieux paysan.

Un bon père de famille fait des reproches à son fils :
- Ecoute Denis, je n'apprécie guère ta manie de porter ces boucles d'oreilles ! Non, mais tu as vu le genre que tu te donnes ?
Le jeune homme lui répond :
- Oh, écoute papa, c'est la mode !
Le père outré lui rétorque alors :
- La mode, mais oui ! Tu sais ce qu'on dit : celui qui porte des boucles d'oreilles, soit c'est un pirate, soit c'est un pédéraste. Or, je n'ai pas vu de bateau devant la maison.

Quelle différence y a-t-il entre un pinceau et un pénis ?
- Avec un pinceau, on trempe les poils jusqu'au manche.
- Avec un pénis, c'est le contraire.

A son arrivée au Japon, un champion de golf, désireux de profiter un peu du pays, va au restaurant et rencontre une Japonaise.
Ils passent la nuit ensemble, et pendant qu'il lui fait l'amour, elle s'écrie :
- Fumoïkato ! Fumoïkato ! Fumoïkato !
Le champion de golf est très content de lui, il pense que "Fumoïkato" signifie : "C'est formidable".
Le lendemain, il va jouer au golf.
Sur le green, un Japonais met du premier coup, la balle dans le trou. Alors le champion lui dit :
- Bravo, monsieur ! Fumoïkato !
- Comment ça, je me suis trompé de trou ? lui répond le Japonais.

Trois gars sont en grande discussion à la terrasse d'un café.
Le premier explique :
- Moi ce que je préfère chez les femmes, ce sont leurs nichons !
Le second dit :
- Moi, ce serait plutôt leur popotin !
Le troisième dit en souriant :
- Moi, ce que je préfère avoir sous les yeux, c'est le sommet de leur crâne.

Quelle différence y a-t-il entre un bonhomme de neige et une bonne femme de neige ?
- Deux boules de neiges...

Pourquoi le bromure n'est-il pas en vente libre ?
- Parce que c'est un produit de contrebande.

Un couple était en train de faire l'amour dans une voiture. Malheureusement, la voiture était garée dans une pente, et soudain, le frein à main a lâché.
Le temps que le couple se rende compte de ce qui lui arrivait, la voiture avait dégringolé les berges d'une rivière et le couple se retrouvait coincé dans l'habitacle disloqué de la voiture.
Heureusement pour eux, il y avait eu un témoin de la scène. Le témoin appelle les pompiers qui sont obligés de découper le toit de la voiture pour désincarcérer le monsieur qui a, semble-t-il, une jambe cassée.
Enfin, une fois l'opération terminée, le commandant des pompiers, voulant avoir un mot gentil dit à la dame :
- Voilà. Tout s'est bien passé finalement. Rendez-vous compte, ça aurait pu être beaucoup plus grave pour vous deux qu'une simple fracture !
Et la dame répond :
- Oui c'est vrai, mais maintenant il va falloir que j'explique à mon mari pourquoi on a dû découper sa voiture.

Quelle est la différence entre une érection et l'obscurité ?
- L'obscurité dure toute la nuit...

Trois gars se promènent dans la rue. Ils aperçoivent une fille en serviette de bain qui répète :
- Je veux de l'amour, encore de l'amour et toujours de l'amour !
Alors, le premier des gars dit aux deux autres :
- Ben je vais aller la baiser !
Il part avec la fille et arrivés dans la chambre, la fille lui explique qu'à chaque fois qu'il la fera jouir, elle fera une barre avec sa craie sur son tableau. Une demi-heure plus tard, il sort et il dit aux autres :
- Eh les mecs, j'ai douze barres sur son tableau !
Le deuxième décide d'y aller, la fille lui explique l'affaire du tableau et une heure plus tard, il ressort en disant :
- Eh c'est cool, j'ai seize barres sur le tableau !
Le troisième gars décide d'y aller à son tour. Cela fait déjà quatre heures que les deux autres attendent et toujours pas de nouvelle. Trois quarts d'heure plus tard, ils aperçoivent la fille qui sort nue sur son balcon en s'écriant :
- Je veux de la craie, encore de la craie et toujours de la craie !

Les femmes, c'est comme les champignons, plus c'est beau, plus c'est vénéneux !

Ce sont deux copains qui ne se sont plus vus depuis plus de dix ans.
- Alors, Pierrot, quoi de neuf ?
- Oh dis donc, quel malheur, si tu savais... Je suis cocu !
- Je t'ai demandé quoi de neuf...

Le seul qui puisse avoir le dernier mot avec une femme ... c'est l'écho !

Les femmes partagent nos peines, doublent nos bonheurs, triplent nos dépenses !

Quelle est la différence entre du stress et de la tension ?
- La tension, c'est quand votre femme est enceinte, et le stress, c'est quand votre secrétaire est enceinte...

Un gars suspectait sa femme de le tromper. Comme il devait s'absenter plusieurs jours pour affaires, il eut l'idée d'un système ingénieux destiné à garder la trace d'un possible adultère : avant de partir, l'homme plaça un bol rempli de lait sous le lit. Il accrocha ensuite au sommier une petite cuillère, de telle manière que la cuillère ne trempe dans le lait que si le sommier supportait le poids de deux personnes. Si tel était le cas, la cuillère garderait forcément la trace du lait séché, et le mari aurait la preuve de la trahison de son épouse.
Lorsque l'homme revint de son voyage, il alla voir sous le lit si la petite cuillère avait trempé dans le lait et il retrouva un bol rempli de beurre !

Très amoureux de sa femme, un jeune marié le lui a quotidiennement prouvé au cours de leur voyage de noces, et il rentre avec un sexe très douloureux.
Inquiet, il va consulter un médecin qui lui dit :
- Ce n'est rien. C'est simplement une irritation due à des rapports très fréquents avec votre épouse, qui sans doute est encore étroite. Pour calmer cela, vous allez chaque matin tremper votre pénis dans un verre de lait pendant une dizaine de minutes. En trois jours, tout rentrera dans l'ordre.
Chaque matin donc, dans la salle de bains, l'homme trempe scrupuleusement son zizi dans un verre de lait.
Et voilà que le troisième jour, sa femme entre brusquement dans la salle de bains, voit le spectacle, et s'écrie tout étonnée :
- Oh chéri ! Tu ne m'avais pas dit que ça se remplissait comme un stylo...

Un vieil homme d'affaires rentre dans son duplex du boulevard Haussmann au beau milieu de l'après-midi. Il tombe sur sa femme en petite culotte et porte-jarretelles noirs, avec aux pieds ses hauts talons de 15 cm, et il y a de l'eau un peu partout dans l'appartement.
- Qu'est-ce qui s'est passé ici ? demande le mari.
- Je crois bien que le lit à eau a éclaté... déclare la jeune femme.
A ce moment-là, par l'entrebâillement de la porte de la chambre, il aperçoit un homme tout nu qui fait la planche.
- Et ça, qu'est-ce que c'est ? demande le mari.
- Heu... C'est le maître nageur.

Une dame passe dans la rue quand brusquement elle tombe sur un homme qui a sorti un sexe imposant et fait pipi contre une porte sans se gêner.
Surprise, elle pousse un cri.
- N'ayez pas peur, Madame, fait le type, je le tiens...

Dans une maison close, un client monte avec une de ces dames. Arrivée à l'étage, il aperçoit par une porte un immense Noir allongé sur un lit, complètement nu, en train de lire un journal. Et assise sur lui, une fille qui fait du tricot.
Une 1/2 heure plus tard, son affaire terminée, il repasse devant la chambre, et constate que les deux autres n'ont pas bougé.
Intrigué, il demande à sa maîtresse :
- Dites-moi, qui est cette fille nue qui tricote assise sur un Noir ?
- C'est la nouvelle pensionnaire ! Elle est arrivée hier. Alors avant de la proposer à la clientèle, on l'a mise sur la forme.

A la sortie de l'école, un petit garçon raccompagne une petite fille et lui dit :
- Tu sais, je suis amoureux de toi ! Tu es la première fille avec qui j'ai envie de faire l'amour...
Et la petite fille soupire :
- Décidément, je n'ai pas de chance ! Je tombe toujours sur des puceaux !

Sur une plage une petite fille demande à sa mère :
- Maman ! Le type qui te regarde là-bas, qu'est-ce qu'il a dans son maillot de bain ?
- C'est son porte-monnaie, répond la mère un peu gênée.
- Oh ! Comme c'est marrant, t'as vu maman, plus il te regarde, plus il a de sous.

Une demoiselle de la haute société est dans le lit de son fiancé. Ils sont en pleins ébats.
- Mon Dieu ! dit-elle, si ma mère me voyait, qu'est-ce qu'elle dirait ?
Et le fiancé répond :
- Elle dirait qu'une jeune fille bien élevée ne doit pas parler la bouche pleine !

Une femme qui vient de divorcer dit à une amie :
- Je ne veux plus entendre parler des hommes, ils ne valent pas mieux les uns que les autres !
Son amie lui rétorque :
- Oui, mais pour le sexe, tu auras quand même besoin d'eux.
La femme répond :
- J'utiliserai un vibromasseur !
- Et si la pile est usée ? continue l'amie.
La femme, interloquée, réfléchit et puis répond :
- Je ferai comme avec mon ex-mari, je simulerai un orgasme !

Marthe et Roger sont à la retraite et comme ils n'ont plus d'enfant (ils sont grands maintenant) pour occuper le reste de leur grande maison, ils se sont décidés à augmenter un peu leurs pensions en prenant un locataire.
Marthe et Roger habiteront à l'étage, alors que le locataire disposera du rez-de-chaussée.
La première personne qui s'est présentée suite à leur petite annonce est une très jolie jeune fille. Elle explique aux deux retraités qu'elle est top model débutante, et qu'elle va travailler quelques mois dans la région. Bien sûr, elle n'a pas beaucoup d'argent, mais cela ira quand même car Marthe et Robert ne demandent qu'un tout petit loyer.
Comme elle présente bien et qu'elle semble bien gentille, c'est elle que les retraités choisissent.
Une chose cependant l'ennuie : il n'y a pas de salle de bains au rez-de-chaussée.
Marthe lui répond alors :
- Ce n'est pas grave. Il y a une baignoire dans la remise. Roger va l'installer dans le salon. Comme ça vous pourrez prendre votre bain devant la cheminée.
Alors la locataire demande :
- Et votre mari ? Ne risque-t-il pas de me voir prendre mon bain quand je rentre du travail ?
Mais Marthe lui répond :
- Oh non. Il joue à la belote tous les soirs. Pas de problème.
Vu le modeste loyer à payer, la future top model accepte.
Le premier soir, Roger est déjà parti jouer à la belote lorsque la future top model rentre. Marthe prépare le bain en faisant chauffer de l'eau.
La jeune fille ne fait pas de chichi avec Marthe et se déshabille devant elle.
Marthe est très surprise de voir que l'apprentie top model a un pubis complètement glabre ! La jeune fille qui voit le regard insistant de Marthe lui explique qu'étant donné les séances de pose

pour les maillots de bains, il est préférable qu'elle soit complètement épilée.
Lorsque Roger rentre le soir, Marthe lui raconte ce qu'elle a vu. Mais Roger ne la croit pas. Alors Marthe lui dit :
- Tu n'auras qu'à rentrer un peu plus tôt demain, je ne fermerai pas le rideau totalement, et ainsi tu pourras voir que je dis vrai.
Le soir suivant, Marthe a encore préparé le bain de leur locataire. Regardant vers la fenêtre, elle pointe le doigt vers le sexe de la jeune fille, puis elle soulève sa robe de chambre et montre son propre sexe, pour montrer à son Roger qu'elle a dit vrai.
Plus tard dans la soirée, alors qu'ils sont au lit tous les deux, Marthe demande à Roger :
- Alors, tu me crois maintenant ?
Et Roger répond :
- Oui. Je n'avais jamais vu ça de toute ma vie. Mais dis-moi, pourquoi est-ce que tu m'as montré ton sexe à toi ensuite ?
Alors Marthe répond:
- C'était pour que tu voies la différence. Pourquoi poses-tu la question ? Tu as déjà vu mon sexe des milliers de fois...
Et Roger :
- Oui. Moi c'est sûr, mais les copains de l'équipe des joueurs de belote, non.

Un homme veuf depuis peu entre dans une pharmacie et demande une capote noire.
Le pharmacien interloqué lui répond qu'il n'en possède pas et il lui demande pourquoi il veut cette couleur :
- En fait, j'ai promis à ma femme que je porterais le deuil jusqu'au bout !

Dans un avion ayant atteint son altitude de croisière, le commandant de bord branche le micro et annonce aux passagers :
- Mesdames et messieurs, nous avons atteint notre altitude de croisière qui est de 12000 m. La température extérieure est de - 60 degrés, et notre vitesse est de Mach1.
Puis, malencontreusement, il oublie de déconnecter le micro, et dit au copilote :
- Continue tout seul à piloter l'engin. Moi, je vais à la toilette, et après je vais sauter la petite hôtesse qui vient d'arriver dans notre compagnie.
Rouge de confusion, l'hôtesse ayant entendu le commandant depuis la cabine du fond, remonte le couloir de l'avion pour aller avertir le commandant de la grosse bourde.
Puis, en plein milieu de la carlingue, une vieille dame arrête notre hôtesse et lui dit :
- Doucement, vous avez le temps, ma petite, il a dit qu'il allait d'abord aux toilettes.

Trois amies discutent autour d'une table dans un bar. Le sujet est d'importance, elles parlent de contraception.
La première femme vante les mérites de la capote alors que la deuxième se prononce pour la pilule. La conversation commence à s'envenimer, et la troisième femme n'a toujours pas dit un mot.
- Et toi alors ? demandent en chœur les deux autres.
- Moi ? C'est un peu particulier. J'utilise la méthode bol et tabouret.
- La méthode quoi ?
- Bol et tabouret ! C'est fiable et c'est gratuit. Je vous explique : avec mon mari, nous faisons l'amour debout et comme je suis plus grande que lui, il monte sur un tabouret. Et quand ses yeux commencent à ressembler à deux dessous de bol, alors je shoote dans le tabouret...

Un homme au volant de sa voiture, monte une route de montagne, sinueuse et escarpée. Une femme, au volant également, descend sur cette même route.
Lorsqu'ils se croisent, la femme sort la tête de sa fenêtre et crie :
- Cochon !
Aussitôt l'homme sort sa tête de la voiture et répond :
- Salope !
Chacun continue sa route. Alors que l'homme passe le virage suivant, il percute un cochon au milieu de la route, et la voiture va s'écraser dans la vallée.
Ah, si seulement les hommes écoutaient les femmes !

Les phrases à utiliser pour draguer, mais à utiliser à vos risques et périls :

- Je voudrais que tu sois une porte pour que je puisse t'enfoncer toute la journée.
- Oh, jolies jambes ! A quelle heure ouvrent-elles ?
- Je ne suis peut-être pas l'homme le plus séduisant par ici, mais en tout cas, je suis le seul qui te parle.
- Oh je suis désolé : je pensais que tu avais ton nom écrit en Braille sur ton tee-shirt.
- C'est une échelle sur tes bas ou bien l'escalier vers le Paradis ?
- Oh c'est sûr, tu n'es peut-être pas la fille la plus jolie ici, mais il suffit d'éteindre la lumière.
- Salut, je m'appelle Prince et je suis charmant. Quelqu'un m'a dit que tu me cherchais.
- Si tu étais la dernière femme sur terre et moi le dernier homme, je suis sûre que tu serais d'accord pour qu'on le fasse en public.
- Hé, super ta robe, tu veux qu'on baise ?

Un homme s'assoit pour lire son journal tranquillement quand sa femme se faufile derrière lui et le frappe derrière la tête avec une énorme poêle à frire.
L'homme demande :
- Pourquoi as-tu fait ça ?
La femme lui répond :
- J'ai trouvé un morceau de papier dans une de tes poches de pantalon avec le nom Marylou écrit dessus !
L'homme explique :
- Oh chérie, te souviens-tu il y a deux semaines quand je suis allé aux courses de chevaux ? Marylou était le nom du cheval sur lequel j'ai parié.
La femme le regarde satisfaite, s'excuse et retourne à ses occupations.
Trois jours plus tard, il s'assoit encore une fois dans son fauteuil, quand tout à coup il reçoit un autre coup de poêle à frire.
L'homme surpris demande :
Pourquoi as-tu fait ça, cette fois-ci ?
La femme lui répond alors :
- Ton cheval a téléphoné !

Sur les conseils d'une amie, une femme va consulter un sexologue. Après un petit questionnaire, le sexologue lui dit :
- Si je comprends bien , votre équilibre sexuel dépend de certains facteurs ?
La femme lui répond :
- Pas seulement, il y a aussi les employés du gaz.

Définition de l'Amour : Mot en cinq lettres, trois voyelles, deux consonnes et deux idiots.

Une brune, une rousse et une blonde travaillent dans le même bureau. Elles ont la même femme comme chef.
Chaque jour, elles remarquent que la chef s'en va tôt en fin de journée.
Un jour, les filles décident que, quand la chef s'en va, elles pourraient partir juste après elle. Après tout, la chef ne téléphone ni ne revient jamais, donc comment pourrait-elle s'en rendre compte ?
La brune est tout excitée à l'idée de rentrer tôt à la maison. Elle fait un peu de jardinage et se couche tôt.
La rousse est vraiment heureuse de pouvoir se délasser dans son bain à remous avant de se rendre à un rendez-vous au restaurant.
La blonde est très contente de rentrer chez elle mais, quand elle veut entrer dans sa chambre, elle entend du bruit à l'intérieur. Doucement, elle entrouvre la porte et est pétrifiée en voyant son mari au lit avec sa chef !
Et tout aussi doucement, elle referme la porte et se glisse hors de la maison.
Le lendemain, pendant la pause-café, la brune et la rousse parlent de quitter à nouveau le travail plus tôt et demandent à la blonde si elle ferait comme elles.
– Pas question ! s'exclame-t-elle, j'ai failli me faire prendre hier !

Un couple marié est invité à un bal masqué. Juste au moment de partir, la femme est prise d'une violente migraine. Elle dit à son mari d'aller à la fête sans elle.
Le mari insiste, mais la femme n'est vraiment pas bien, alors le mari enfile son déguisement et s'en va, alors que la femme prend une aspirine et va se coucher.
Après avoir dormi un peu, la femme se réveille en pleine forme et sans migraine. Elle décide d'aller rejoindre son mari à la fête.
Comme elle est un peu soupçonneuse, elle se dit qu'elle va le surprendre en se déguisant avec un autre costume que celui qu'elle avait prévu.
Une fois arrivée à la fête, elle repère son mari : Il est en train de danser avec une fille, puis encore une autre, puis une autre encore, et toujours très lascivement.... Elle veut en savoir plus, et voir jusqu'où il est capable d'aller.
Elle l'aborde (il ne la reconnaît pas) et l'invite à danser. Elle lui susurre à l'oreille qu'ils pourraient s'isoler un petit peu, ce qu'ils font en allant directement faire l'amour dans une des pièces de la maison.
L'affaire faite, la femme s'en va précipitamment et rentre chez elle.
Le mari rentre un peu plus tard. Lorsqu'il se couche, sa femme lui demande :
- Alors comment était la fête ?
Il répond :
- Ce n'était pas drôle sans toi, chérie.
Elle dit :
- Je ne te crois pas, je parie plutôt que tu t'es bien amusé !
Il répond :
- Non, je t'assure. Quand je suis arrivé, il n'y avait pas d'ambiance, alors quelques gars qui étaient là et moi, nous avons décidé d'aller jouer au poker dans la cuisine... Mais par contre, j'ai passé mon costume à un autre gars, et lui m'a dit qu'il s'était amusé comme un fou.

Toto (5 ans) et Lili (3 ans) prennent leur bain ensemble sous la haute surveillance de leur mère et jusque-là tout s'est bien passé... Cette fois-ci, Lili regarde le bas-ventre de Toto, regarde le sien et s'étonne :

- Dis maman, qu'est-ce qu'il a entre les jambes, Toto ?
- C'est un petit robinet pour faire pipi.
- Ah bon ? Mais moi je n'en ai pas ?
- C'est normal, toi tu es une fille, tu as une fontaine pour faire pipi, c'est normal tu sais.
- Ah bon ben et toi , maman ?
- Moi aussi je suis une fille, donc j'ai une fontaine.
- Ah bon, papa il a un robinet, lui ?
- Mais oui, ma chérie, papa c'est un garçon, donc il a un robinet.

Et Toto, qui s'était tu jusque-là, dit :

- Ouais papa il a un robinet, même que l'autre jour, il devait être bouché : j'ai vu la bonne qui soufflait dedans !

Dans un train, bondé de militaires, qui les emmène en voyage de noces, un jeune marié dit à sa tendre épouse :

- Si j'avais su que ce tunnel était si long, je t'aurais fait l'amour.
- Comment, s'étonne-t-elle. Ce n'était pas toi ?

Une fille en minijupe dit à une de ses copines :

- Le danger, tu comprends, avec ces gars qui te font des avances, c'est qu'après, tu peux avoir un retard !

C'est un homme, un peu con, qui veut faire une petite blague à sa femme.
Alors qu'elle est en train de prendre sa douche, il arrive sans bruit derrière elle et lui attrape les seins en disant :
- S'ils étaient un peu plus fermes, tu n'aurais pas besoin d'acheter de soutien-gorge.
Le lendemain, une fois de plus, il lui fait une blague en arrivant derrière elle et en lui mettant les deux mains sur les fesses, il lui dit :
- Si elles étaient un peu plus fermes, tu n'aurais pas besoin de mettre une gaine.
La femme ne dit rien, mais pense alors à sa revanche...
Le lendemain, comme le mari sort de la douche, sa femme lui attrape la zigounette et lui dit :
- Si elle était un peu plus ferme, je n'aurais pas besoin de coucher avec ton frère !

Une jeune fille vient de passer un semestre complet dans un pensionnat pour jeunes filles, réputé très strict.
Ce sont les vacances et la mère et la fille profitent de ces retrouvailles pour bavarder.
La fille :
- Maman, il faut que je te parle. Je ne suis plus vierge !
La mère :
- Je ne suis pas surprise, tu sais. Je me doutais que cela allait arriver tôt ou tard. J'espère simplement que cela a été une expérience très romantique.
La fille :
- Oh oui, maman ! Les huit premières fois, c'était formidable. Il n'y a qu'à partir de la neuvième que cela a commencé à faire un peu mal.

C'est l'été ... Par une nuit d'une douce torpeur, deux amoureux s'enlacent tendrement contre un arbre du Bois de Boulogne :
- Ah chéri, comme cet endroit est romantique, tu entends les grillons ?
- Ce ne sont pas des grillons, fait le gars, ce sont des fermetures Éclair !

Une femme s'est absentée durant deux jours pour rendre visite à une amie malade. De retour chez elle, son petit garçon l'accueille en lui disant :
- Maman, maman, devine quoi : hier pendant que je jouais dans le placard de votre chambre, papa est rentré dans la pièce avec la voisine. Ils se sont déshabillés, ils se sont couchés sur le lit, papa s'est mis sur elle et il a fait des pompes avec elle !
La maman prend la main de son fils et lui dit :
- Plus un mot ! On va attendre que ton père rentre du travail et tu lui répéteras exactement ce que tu viens de me dire !
Le père revient du travail. Sa femme l'interpelle violemment :
- Je te quitte ! Je fais mes valises et je pars !
Le mari :
- Mais enfin, pourquoi ?
La mère au petit garçon :
- Vas-y ! Raconte encore ce que tu m'as dit tout à l'heure !
Le petit garçon :
- Eh bien, hier, alors que je jouais dans l'armoire de votre chambre, papa est rentré avec la voisine, ils se sont déshabillés, ils sont allés sur le lit, papa est monté sur la voisine, et ils ont fait exactement ce que tu avais fait avec l'oncle Fernand quand papa était parti l'été dernier.

C'est un représentant de commerce qui rentre chez lui à l'improviste et trouve sa femme au lit avec un nain.
Il hurle :
- Gueuse, traînée, tu m'avais promis de ne plus me tromper !
Elle répond l'air contrite :
- Oui mon chéri, mais il faut que je m'habitue petit à petit !

C'est l'histoire d'un couple qui n'est plus tout jeune. Le mari n'a plus touché sa femme depuis deux ou trois ans et elle désespère.
Un jour, il rentre du boulot et s'adresse à elle :
- Monte tout de suite dans la chambre !
Depuis tout ce temps, elle n'espérait plus. Enfin aujourd'hui, tout a l'air de changer. Elle obéit et monte immédiatement. Puis son mari lui dit :
- Déshabille-toi !
Elle pense :
- Enfin, il s'est décidé !
Le mari demande :
- Fais le poirier devant le miroir !
La femme, impatiente, lui répond :
- Oui chéri !
Le mari ordonne alors :
- Ecarte les jambes !
La femme, tout excitée, obéit :
- Tout de suite chéri !
Sur ce, le mari pose son menton entre les jambes de sa femme, se regarde dans le miroir et dit :
- Les copains ont raison, ça m'irait bien la barbe !

Dans le journal paroissial, il y a une grille de mots croisés. En attendant que la messe commence, les enfants de chœur et le curé tentent de remplir les cases avec plus ou moins de bonheur.
- Un mot de 7 lettres, qui finit par ouille et qui est vide quand on tire un coup ? demande l'un des enfants de chœur à son voisin.
- Eh bien, c'est douille bien sûr !
Le curé sursaute, regarde sa grille et demande :
- Vous avez une gomme, les enfants ?

Le papa regarde son petit garçon et sa petite fille qui sont en train de fabriquer un bonhomme de neige dans le jardin.
Le petit garçon dit à sa sœur :
- Hé, j'ai une idée : pour le terminer, je vais aller à la cuisine chercher une carotte.
Et la sœur répond alors :
- Tu n'as qu'à en prendre deux : la deuxième sera pour faire son nez.

C'est l'histoire d'un commercial qui part en voyage d'affaires pendant les fêtes de Noël. Pendant son voyage, il décide d'envoyer un cadeau à sa femme restée en France.
Le colis arrive alors chez son épouse. Elle l'ouvre, c'est un pantalon sur lequel est écrit sur la jambe droite : joyeux Noël et sur la jambe gauche : bonne année.
Au téléphone, sa femme le remercie pour son cadeau et rajoute :
- J'espère que tu viendras me voir entre les fêtes.

Monsieur Dunnet étant stérile, le couple ne pouvait pas avoir d'enfants et il décida un jour de faire appel à un père de substitution pour assurer sa descendance.
Le jour où le père de substitution devait arriver, monsieur Dunnet embrassa sa femme et lui dit tendrement :
- Je m'en vais. Le donneur sera bientôt là.
Par hasard, une demi-heure plus tard, un photographe spécialisé dans les photos de bébés faisant du porte-à-porte, sonna chez les Dunnet en espérant pouvoir vendre ses services.
Le photographe se présenta :
- Bonjour madame, je viens pour... ?
- Oh non, pas besoin d'explication. Je vous attendais, l'interrompit madame Dunnet.
- Vraiment ? fit le photographe. Très bien. Vous savez, je suis un vrai spécialiste des bébés.
Madame Dunnet lui répondit :
- C'est pour cela que je vous attendais. Entrez donc et prenez un siège.
Après un moment, rougissante, elle demanda :
- Eh bien, où commençons-nous ?
Le photographe expliqua :
- Remettez-vous en à moi. Habituellement, j'essaye deux fois dans la baignoire, une fois sur le canapé et éventuellement deux fois sur le lit. Parfois, le sol du salon, c'est sympa aussi. On peut vraiment faire ça n'importe où !
- Baignoire, sol du salon ? Pas étonnant que Jean, mon mari, n'y soit pas arrivé, dit madame Dunnet.
- Madame, aucun de nous ne peut garantir un bon résultat à chaque fois. Mais si nous essayons plusieurs positions et si je prends suivant six ou sept angles, je suis certain que vous serez satisfaite des résultats, assura le photographe.
- Mais ça fait beaucoup, quand même... s'étrangla madame Dunnet.
- Madame, suivant ma méthode, un homme doit prendre son temps. J'aimerais entrer et sortir en moins de 5 minutes, mais vous seriez déçue, j'en suis sûr, continua l'homme de l'art.

- Je ne savais pas, fit timidement madame Dunnet.
Le photographe ouvrit sa sacoche et sortit un album de photos de bébés. Il décrivit ensuite les différentes photos :
- Celui-ci a été fait sur le toit d'un bus à Londres.
- Oh, mon Dieu ! s'exclama madame Dunnet, triturant son mouchoir.
- Et pour ces jumeaux, le résultat est exceptionnellement bon quand vous considérez combien ça a pu être difficile pour la mère.
- Elle a eu des difficultés ? demanda madame Dunnet.
- Oh que oui ! J'ai dû l'emmener au Zoo de Vincennes pour faire correctement le boulot. Les gens se sont agglutinés sur 4 ou 5 rangs, se poussant pour avoir la meilleure vue. Une vraie représentation théâtrale !
- 4 ou 5 rangs ? demanda madame Dunnet, les yeux écarquillés d'étonnement.
- Oui, répondit le photographe, Et ça a duré plus de 3 heures ! La mère criait et hurlait sans arrêt. J'avais du mal à me concentrer. Quand le soir est tombé, j'ai pu enfin commencer. Et puis, quand les écureuils se sont mis à mordiller mon équipement, j'ai juste eu le temps de tout remballer.
Madame Dunnet se pencha :
- Vous voulez dire que les écureuils ont mâché votre... hum... équipement ?
- Exact. Bon, madame, si vous êtes prête, je vais installer mon trépied et nous pourrons commencer.
- Votre... trépied ? s'étonna madame Dunnet.
- Oh oui, j'ai besoin d'utiliser un trépied pour maintenir mon canon. Il est vraiment trop gros pour que je puisse le tenir longtemps... Madame ? Madame? .... Oh mon Dieu, elle s'est évanouie !

Quel est le comble de la paresse ?
- Se marier avec une femme enceinte.

C'est une jeune femme qui porte une petite jupe ultra serrée. Elle doit prendre le bus, et pour cela, il lui faut monter les marches.
Le problème est bien là : la jupe est tellement serrée qu'elle n'arrive pas à les enjamber.
Alors elle porte la main derrière elle et baisse la fermeture éclair.
Elle essaie encore d'enjamber, mais n'y parvient toujours pas. Du coup, elle repasse une main derrière elle et abaisse encore la fermeture. Ensuite elle réessaie de franchir les marches... ça ne veut toujours pas passer.
Alors, au moment où elle s'apprêtait à rejouer de la fermeture éclair, une paire de mains vigoureuses l'empoigne à la taille et la porte jusqu'à la marche supérieure du bus !
- Non mais, ça ne va pas ! Qui vous a permis ? demande la jeune femme au gars derrière elle.
- Eh bien, la deuxième fois que vous avez baissé ma braguette, je me suis dit qu'on se connaissait suffisamment !

Un petit garçon se promène dans le parc avec sa mère. Une dame enceinte les croise.
- Dis maman, pourquoi elle a un gros ventre la madame, demande le petit garçon.
La mère, un peu embarrassée et ne sachant que répondre lui dit :
- Euh, tu sais, elle doit faire un peu d'aérophagie.
A ce moment, la dame enceinte qui a tout entendu se retourne et dit :
- Non mais dites donc ! Vous prenez le sexe de mon mari pour une pompe à vélo ?

Un curé entre dans un club de danseuses pour utiliser les toilettes. L'endroit est très animé, les gens rient, sifflent les danseuses et boivent.
A la vue du pasteur, les voix baissent, les gens cessent de parler. L'atmosphère devient plutôt calme.
Le curé avance au bar et demande au barman s'il peut utiliser les toilettes.
- Je ne crois pas que ce soit une bonne idée, monsieur le curé... lui dit le barman.
- Et pourquoi ça?
- Eh bien... dans la toilette des hommes, il y a une statue d'une très belle femme nue vêtue seulement d'une feuille d'érable. Nous ne voudrions pas vous choquer.
- Ne vous en faites pas, j'ai fait le vœu de chasteté et je ne regarde plus les femmes. Je regarderai ailleurs.
Le curé monte l'escalier qui conduit aux toilettes. Lorsqu'il ressort, l'endroit est à nouveau animé avec les gens qui rient, sifflent et boivent.
Certains l'applaudissent et l'une des danseuses lui crie même :
- Hé, monsieur le curé, je vous offre une danse gratuite ! Et tout le monde rit.
Le curé, un peu choqué, s'approche du bar :
- Je ne comprends pas très bien... Lorsque je suis entré, les gens ont arrêté de fêter en me voyant et l'ambiance est devenue très calme. J'ai senti qu'ils me respectaient. Maintenant, ils ne semblent plus se soucier de moi...
Le barman lui répond :
- Mais c'est que vous êtes un des nôtres maintenant, monsieur le curé !
- Comment ça, l'un des vôtres ? s'étonne l'abbé.
- Voyez-vous, lorsqu'on touche aux seins de la statue, les lumières du club clignotent et chaque fois que la feuille d'érable est soulevée, les lumières du club s'éteignent. Disons que vous nous avez donné tout un spectacle de lumières ! lui explique le barman.

C'est une jeune fille qui est assise, les fesses sur un radiateur. Un garçon de sa classe passe, la regarde et lui dit en souriant :
- Pas trop cuit pour moi, s'il vous plaît !
- Reviens dans 3 jours, ça sera saignant ! lui rétorque la jeune fille.

Un cardiologue renommé est invité à une réception avec sa femme. Dans le courant de la soirée, il a une conversation à bâtons rompus avec une très jolie jeune fille, très maquillée et très peu vêtue.
Au cours de leur entretien, le médecin se rend compte que sa femme l'observe et que ses yeux lui lancent des éclairs.
S'éclaircissant la gorge, le docteur dit sa femme :
- Ah, chérie, cette jeune femme et moi avions une conversation purement professionnelle.
Et la femme du docteur lui répond sur un ton glacial :
- Oui, j'imagine !
Et elle ajoute :
- Mais c'était de ta profession ou de la sienne dont vous parliez ?

- Mon père, dit une jeune paysanne au vieux curé un peu sourd qui reçoit sa confession, j'ai péché.
- Parle haut, ma fille ! dit le curé.
- Non, non, mon père... par le bas.

Ce jour-là, la maîtresse de maison surprend la mignonne petite bonne en train d'embrasser le plombier venu réparer la chasse d'eau.
Quand il est parti, elle s'adresse ainsi à la jeune fille :
- Estelle, à l'avenir, vous vous contenterez de flirter avec le facteur.
Le plombier, lui, me coûte trente euros de l'heure !

Un plombier barbu se présente au domicile d'une dame qui a des problèmes avec la vidange de son bidet.
Il se penche vers le sanitaire et se prend la barbe dans la vidange du bidet. Il fait :
- Ouille !
Et la dame dit :
- Vous voyez comme c'est désagréable !

Un riche mécène arrive chez un peintre de renom et lui commande un tableau biblique :
- Voilà, dit-il. Faites-moi une grande toile représentant Adam et Ève au Paradis Terrestre.
- Volontiers, dit le peintre. Avant ou après le péché originel ?
- Quelle question ! s'exclame le mécène. Pendant !

Le papa et la maman de Toto se rendent compte que si Toto grandit en taille, son sexe reste minuscule.
Ils contactent le pédiatre qui leur conseille de faire manger à Toto beaucoup de tartines.
Le lendemain matin, la maman de Toto se lève la première comme d'habitude et prépare une énorme pile de tartines.
Lorsque Toto descend, elle lui dit :
- Prends les deux tartines en haut de la pile. Toutes les autres sont pour ton père.

Le démarcheur d'une compagnie d'assurances sonne à la porte d'un appartement.
Une jeune femme ravissante et en petite tenue ouvre.
Le vendeur tout troublé lui dit :
- Mademoiselle je venais vous vendre une assurance qui vous couvrirait complètement, mais à la réflexion ce serait vraiment dommage !

La nouvelle institutrice est vraiment mignonne et très court-vêtue.
Au premier rang, un grand benêt bien avancé pour son âge ne cesse de faire tomber son stylo par terre pour pouvoir se pencher et jeter un coup d'œil insistant sous le bureau de l'institutrice.
- Elève Bertrand, dit-elle en claquant sa règle sur la table. Vous allez bientôt cesser de regarder mes genoux ?
- Oh, mademoiselle, répond Bertrand. Je suis au-dessus de ça !

C'est une dame très chic qui entre dans une boutique de mode de la rue du Faubourg Saint-Honoré à Paris. Elle regarde les divers modèles mais ne trouve rien à son goût, lorsque soudain elle réalise que la vendeuse porte une robe superbe.
- Votre robe est splendide. C'est exactement ce qu'il me faut. Quel est son prix ?
- Cette robe vaut 1500 euros, madame.
- 1500 euros ! C'est un peu cher.
- Et dites-moi, vous n'avez rien en dessous ?
Alors, la vendeuse répond en rougissant :
- Non. Le patron ne veut pas que l'on porte de culotte.

A l'approche de l'été, une jeune adolescente de seize ans va s'acheter un joli bikini brésilien, mettant bien les rondeurs de ses formes en valeur.
Très fière de son achat, elle rentre chez ses parents et se montre à sa mère dans sa nouvelle tenue.
- Qu'est-ce que tu en penses, maman ? lui demande-t-elle.
La maman répond:
- Je pense que si j'avais porté ce bikini à ton âge, tu serais plus âgée.

Quel est le point commun entre une assurance-maladie et une minijupe ?
Les deux couvrent le minimum vital.

Une jeune fille va prier à l'église :
- Sainte Marie, toi qui as pu concevoir sans pécher, fais que je puisse pécher sans concevoir !

Une jeune et jolie bonne se présente chez une dame qui lui demande :
- Dites-moi, ma fille, avez-vous déjà servi ?
Et la fille répond avec un petit sourire :
- Oui, madame, dans ma précédente place, il y avait aussi un patron.

Dans le métro, une jolie dame est assise avec un joli bébé sur les genoux.
En face, il y a un monsieur qui essaie d'être aimable :
- Oh ! Qu'il est beau, ce petit, lance-t-il. Qu'il a de jolis cheveux. Son papa doit être roux.
La fille répond alors sèchement :
- Je n'en sais rien ! Il avait gardé sa casquette !

La nouvelle bonne du grand avocat s'est allongée, toute nue, sur le lit.
Elle lui demande :
- Pourquoi, cher maître, avant de me rejoindre pour faire l'amour, revêtez-vous toujours votre robe d'avocat ?
Il répond :
- Afin d'être plus à l'aise, pour plaider ma cause au cas où ma femme rentrerait à l'improviste.

Un homme arrive en courant à la maternité d'un hôpital. Une infirmière l'arrête en lui demandant pourquoi il court comme ça.
- Ma femme vient d'accoucher ! s'écrie-t-il tout joyeux, je suis monsieur Robert.
En entendant son nom, l'infirmière se renfrogne :
- Ecoutez, monsieur... il y a un problème avec votre enfant.
- Quoi ? Quoi ? panique le papa.
- De corps, il est blanc... mais il a les bras jaunes... et le visage noir... et les yeux bridés... lui explique l'infirmière.
L'homme se précipite dans la chambre de sa femme et la trouve en pleurs.
- Oh chéri, dit-elle, comment est-ce possible ?
- Eh bien, répond-il, tu te souviens de cette partouze à laquelle nous avons participé ? Il y avait des gens de toutes les nationalités.
- Oh, mon Dieu ! s'écrie la femme. Pourvu qu'il n'aboie pas !

Deux petites puces se rencontrent. L'une d'elle est enrhumée.
- Eh bien, qu'est-ce qui se passe? lui demande l'autre.
- Oh, en ce moment, je suis dans la moustache d'un motard, je prends le vent en pleine figure tout le temps, c'est très embêtant.
- Oh bah oui, je te comprends. Moi, je suis dans la toison d'une belle dame, je suis bien au chaud, et toujours bien soigné. Tu n'as qu'à faire comme moi !
- Oui, tu as sans doute raison, c'est ce que je vais faire...
Deux semaines plus tard, elles se rencontrent de nouveau. Mais l'état de la malade est toujours le même.
- Eh bien alors ? Tu n'as pas fait comme je t'ai dit ? lui demande l'autre.
- Si, si, l'autre jour, je me suis mis dans la toison d'une jolie dame, comme tu me l'avais dit. La nuit, je me suis endormie et le lendemain matin, lorsque je me suis réveillée, j'étais de nouveau dans la moustache du motard.

Dans un bar de Pigalle, deux entraîneuses, juchées sur leur tabouret, bavardent :
- Avec quoi te laves-tu quand tu viens de monter avec un client ?
- Avec du savon de Marseille, ma chère. Il n'y a rien de mieux ! C'est pur, ça n'irrite pas ! Et toi ?
- Au gros sel !
- Comment ? Ça ne te brûle pas ?
- Un petit peu. Mais par contre, ça fait boire le client.

Une jolie femme d'une vingtaine d'années
arrive chez le psychiatre :
- Oh docteur, c'est terrible, à chaque fois que j'ai peur, je dois absolument sucer quelque chose : mon stylo, mon doigt, ma barrette...
Le psychiatre se lève alors, défait son pantalon et crie :
- Ouh !

Quatre vieilles dames prennent le café et discutent des positions respectives de leurs fils :
- Moi, le mien, dit la première, il est curé. En s'adressant à lui, tout le monde dit : Oh, mon Père...
- Ah, surenchérit la seconde, c'est pas mal... Le mien est évêque. En s'adressant à lui, tout le monde dit : Ah, votre Grâce...
- Allons, allons, pointe la troisième, je crois que je vous surclasse... Le mien est cardinal. En s'adressant à lui, tout le monde dit : votre Éminence...
Leurs yeux se tournent vers la quatrième qui sirote son café en silence. Presque de concert, elles demandent :
- Et vous, ma chère, comment s'adresse-t-on à votre fils ?
- Oh, le mien ? C'est bien simple, il fait du strip-tease dans une boîte d'homos. Un mètre quatre-vingt- dix, baraqué, et un sexe comme un tuyau de poêle. C'est bien simple, quand il baisse son slip, tout le monde dit : Oh, mon Dieu...

C'est le mois de juin. Il fait très chaud et trois petits garçons rentrent de l'école. Sur leur trajet, ils longent une propriété avec une piscine dans laquelle ils aperçoivent une jeune dame complètement nue qui se baigne.
Naturellement, les trois petits garçons s'arrêtent pour regarder. Très rapidement, et sans prévenir, un des trois petits garçons se met à courir et rentre chez lui. Alors les deux autres rentrent eux aussi.
Le lendemain, il fait toujours aussi beau, et ils retrouvent la jeune dame en train de se baigner toujours aussi nue. Mais c'est pareil que la première fois, le petit garçon se met très rapidement à courir pour rentrer chez lui.
Le troisième jour, la jeune dame est encore là.
Cette fois-ci, les deux copains ont décidé de faire quelque chose : avant que leur copain ne se mette à courir, ils l'attrapent par le bras et lui demandent :
- Qu'est-ce qu'il y a ? Tu n'aimes pas regarder les femmes nues ?
Et le petit garçon répond :
- Si bien sûr, mais ma maman m'a dit que si je regardais une femme toute nue trop longtemps, je
risquais de me transformer en statue de pierre... Et je me sens déjà devenir tout dur !

Un mari s'indigne :
- Tu ne vas tout de même pas sortir avec une robe aussi minuscule... J'espère que c'est une plaisanterie !
Son épouse lui répond :
- Justement... Tu m'as toujours dit que les plaisanteries les plus courtes étaient les meilleures !

Deux femmes partent en vacances déjà tout excitées à l'idée des rencontres qu'elles pourront y faire :
- Cette année, on va se faire plein de mecs, on va baiser toutes les nuits, ça va être l'orgie !
La première semaine, rien ne se passe. Pas l'ombre d'un homme à l'horizon.
La deuxième semaine, pareil : rien ! Enervées mais pas résignées, elles se disent :
- Les deux prochains mecs qui passent, on leur saute dessus et on les emmène chez nous.
A ce moment-là, deux nains arrivent, elles se regardent et font :
- Ce qui est dit est dit !
Elles arrivent dans leurs chambres respectives avec chacune un nain.
Le premier nain se déshabille, saute dans le lit et s'endort. La fille essaie de le réveiller, mais rien à faire, il dort d'un sommeil de plomb. Curieuse de savoir comment sa copine se débrouille, elle colle son oreille au mur et entend :
- Et hop, et hop, et hop...
Et elle se dit :
- Quelle chance elle a ! Elle a tiré le bon, elle baise déjà !
Au beau milieu de la nuit, chatouillée qu'elle est par une envie de plus en plus pressante, elle tente à nouveau de réveiller le nain.
Mais rien à faire, il dort et à côté, elle entend toujours :
- Et hop, et hop, et hop...
Frustrée parce que sa copine, elle au moins, vit une formidable nuit de baise, elle finit tout de même par s'endormir. Au petit matin, alors qu'elle croise sa copine dans le couloir de l'hôtel, elle lui dit :
- Tu as eu de la chance, mon nain s'est endormi tout de suite, et toi...
Son amie, interloquée, lui répond :
- Et moi, mon nain a essayé de monter sur le lit pendant toute la nuit !

La veille du tour de France, un cycliste décide d'un code avec sa femme qui est sur le point d'accoucher :
- Pour s'assurer de la plus grande discrétion, dès que notre fils naîtra, tu m'enverras un courrier électronique sur mon portable : Vélo bien arrivé.
Quatre jours après le départ, naît une jolie petite fille.
La jeune femme envoie : Vélo bien arrivé, mais sans pompe ni sacoche !

Un vieux milliardaire téléphone à une conseillère du cœur :
- J'ai 62 ans et je suis follement amoureux d'une superbe jeune fille de 19 ans.
Pensez-vous que j'aurais plus de chance de l'amener à m'épouser si je lui dis que j'ai juste 50 ans ?
La conseillère lui répond :
- A mon humble avis, vous feriez mieux de lui dire que vous approchez des 80 ans !

Une jeune blonde va voir son père :
- Papa, papa ! Je suis enceinte !
Son père lui demande :
- Mais où avais-tu la tête ?
La fille lui répond :
- Heu... sur le tableau de bord de l'auto !

Un type se rend à la banque du sperme. Il s'approche de la fille à l'accueil :
- Bonjour mademoiselle, c'est pour un dépôt.
- Bien, monsieur. Voilà un bocal, prenez la première cabine et revenez quand vous aurez fini, lui explique la fille.
Notre homme prend gaillardement le bocal, va dans la cabine, ferme la porte à double tour et se met à pousser des gémissements, puis des cris étouffés.
Au bout de deux minutes, il sort la tête de la cabine. Il est en sueur et demande à l'hôtesse :
- Mademoiselle ! Pourrais-je avoir un linge, s'il vous plaît ?
Un peu gênée par le manque de discrétion de ce donneur, l'hôtesse lui tend un linge.
Le type rentre à nouveau dans la cabine et se remet à pousser des gémissements et des cris de toutes sortes.
Au bout de deux minutes, il ressort une tête toute rougeaude de la cabine et hèle une nouvelle fois l'hôtesse :
- Mademoiselle ! Pourrais-je avoir un linge mouillé, s'il vous plaît ?
Très professionnelle, l'hôtesse lui tend un linge mouillé, le type retourne dans la cabine et se remet à pousser des gémissements et des cris tonitruants.
Au bout de deux minutes, il sort à nouveau une tête déconfite de la cabine et hèle encore l'hôtesse :
- Mademoiselle, mademoiselle ! Pourrais-je avoir un autre bocal, s'il vous plaît ?
- Mais Monsieur ! Ne me dites pas que vous avez déjà fini le premier !
- Non, mais je n'arrive pas à l'ouvrir !

Un septuagénaire est marié à une jeune et jolie femme. Quand ses amis lui disent qu'il a pris des risques, il répond :
- Oh ! A mon âge, on n'est plus cocu... On est secondé !

Robert est mécanicien dans un garage. Il part essayer une voiture. Pendant ce temps, sa femme téléphone au garage et c'est un collègue qui répond :

- Euh... Robert, il est parti essayer une voiture, je peux lui transmettre un message ?

- Oui, dit la femme, vous lui direz que finalement je ne suis pas enceinte, ce n'est qu'un problème d'aérophagie !

Le soir, Robert rentre à la maison très fâché :

- C'est toi qui as téléphoné au garage pour dire que tu avais de l'aérophagie ? C'est malin ! Toute la journée, ils n'ont pas arrêté de se moquer de moi : « Hé Robert ! Amène ta quéquette, il y a un pneu à gonfler ! »

Un homme regarde sa femme se pencher pour ramasser quelque chose par terre. Il lui dit :

- Sais-tu que tu as le derrière aussi large qu'un barbecue ?

Sa femme est blessée, mais ne dit rien.

Le soir venu, ils se couchent et l'homme a envie de faire l'amour. C'est alors que sa femme lui dit :

- Laisse-moi tranquille, cela ne vaut pas la peine d'allumer le barbecue pour une si petite saucisse !

La télévision interviewe le dernier descendant d'une noble famille, qui fête son 100e anniversaire.

- Dans votre jeune temps, quelles étaient vos distractions favorites ?

- Les femmes et la chasse.

- Et que chassiez-vous ?

- Les femmes !

Poème Hutu :
Une fermière du Rwanda
De la race Hutu de surcroît
Quitta sa ferme natale
Et se rendit à Kampala
Pour acheter, pour la fête Hutu
Un chapon bien dodu.
Mais elle était peu fortunée
Et le marchand lui rit au nez
Quand elle lui demanda de baisser son prix.
- Me le donnerais-tu ?
Dit la fermière Hutu
- Contre une gâterie
- A voir répondit le vendeur
De cette gâterie, quelle serait la valeur ?
Vaudrait-elle un chapon ?
Il m'en faudrait la preuve
Aussitôt la fermière se met à l'œuvre
Et le pompe pour de bon
Tant et si bien que le marchand se pâme
- J'ai gagné le chapon, s'écria la femme
- Que nenni, lui répondit le marchand acerbe
- Au contraire, tu l'as perdu
Car tu connais le proverbe :
Turlute Hutu, chapon point eu.

Un paysan, qui voit deux jeunes femmes se baigner nues dans sa mare, met les mains en porte-voix et hurle :
- Attention aux crocodiles !

Une femme qui monte dans un autobus bondé, s'approche d'un monsieur assis et lui dit :
- Pourriez-vous me laisser votre place, s'il vous plaît ? Je suis enceinte.
L'homme répond :
- Oui, bien sûr.
Il se lève et lui laisse sa place, puis demande :
- Mais ça ne se voit pas du tout. Depuis combien de temps ?
Et elle répond :
- Depuis dix minutes, mais ça m'a coupé les jambes !

Une petite fille va pour la première fois à la messe. Au retour, sa mère lui demande :
- Qu'est-ce que tu as préféré ?
Et elle répond :
- La statue de la Vierge. Je voudrais bien être vierge !
- Et pourquoi ?
- Pour avoir un enfant.

Dans un bar américain, une entraîneuse, s'ennuie horriblement. Elle se penche vers le barman et lui chuchote :
- Il n'y a pas un chat ici, ce soir. Si je ne suis pas au lit à minuit, je vais me coucher !

Un homme se présente au guichet des allocations familiales :
- Je viens d'arriver dans cette ville, et je voudrais m'inscrire. Je suis père de 19 enfants.
L'employée stupéfaite lui demande :
- Avec la même ?
L'homme lui répond alors :
- Bien sûr, avec la même ! Mais naturellement, j'ai eu plusieurs femmes.

Une femme policier, enceinte de six mois, se promène dans un parc désert avec un de ses collègues :
- Je veux bien admettre, lui dit-elle, de revenir sur les lieux du crime. Mais, compte tenu que tu refuses obstinément de m'épouser, il est hors de question de procéder à une reconstitution.

Une dame rentre dans une confiserie, elle tend une pièce de 1 euro et demande :
- Je voudrais un bébé en chocolat !
- Certainement dit la vendeuse. Vous voulez un garçon ou une fille ?
- Euh ! Un garçon !
- Alors, ce sera 1 euro 20 cents.

Pourquoi fait-on des va-et-vient pendant l'amour ?
- Parce qu'il n'y a pas de place pour faire demi-tour !

Un jeune homme dit à sa petite amie :
- On va vraiment pouvoir prendre notre pied ce soir, j'ai pris trois places pour le théâtre !
La fille s'étonne :
- Mais tu es bête ! Nous n'avons pas besoin de trois places, deux suffisent !
Le jeune amoureux lui répond :
- Mais non, une place pour ton père, une pour ta mère et une pour ta petite sœur !

Un homme se confie à un ami :
- Ma femme et moi avons maintenant une parfaite compatibilité sexuelle. Hier, nous avons eu tous les deux mal à la tête !

Une jeune secrétaire est hospitalisée pour une appendicite aiguë.
Une de ses collègues lui rend visite.
- Comment ça va, au bureau ? demande la malade.
Sa collègue lui répond :
- Bah, tout le monde y met un peu du sien pour te remplacer... Sylvie fait le café, Monique lit tes magazines et Marie-Claude fait l'amour avec le patron.

Quand peut-on dire d'une fille : "C'est une vraie princesse" ?
- Quand elle te laisse venir dans son palais !

A l'hôpital, une belle jeune femme attend dans le couloir, sur sa civière, avant d'être conduite au bloc opératoire pour subir une petite intervention. Elle est complètement nue sous son drap. Elle s'inquiète un peu, d'autant que l'heure tourne.
Un type en blouse blanche s'approche,
relève le drap et l'examine. Puis il part.
Un deuxième homme en blouse blanche s'approche,
soulève le drap, l'examine et repart.
Quand le troisième bonhomme s'approche, relève le drap et la scrute, la jeune femme qui s'impatiente lui demande :
- C'est bien beau toutes ces auscultations...
Mais quand allez-vous m'opérer ?
Le type en blouse blanche hausse les épaules et répond :
- Je n'en ai aucune idée... Nous, on repeint le couloir !

Une dame dit à sa nouvelle bonne :
- Ici, vous devrez parler à la troisième personne.
- J'ai l'habitude, madame ! Dans mon autre place, la dame aussi avait un petit ami !

Trois amis entrent dans un bar. Le premier commence la conversation en disant :
- Vous savez quoi ? Ma femme me trompe avec le boulanger car j'ai trouvé de la farine dans mon lit.
Alors, le deuxième poursuit :
- Moi, ma femme me trompe avec le ramoneur, j'ai trouvé de la suie dans mon lit.
Le troisième dit enfin :
- Ma femme me trompe avec un cheval, j'ai trouvé un jockey dans mon lit.

Une dame se présente dans une quincaillerie et demande une prise de courant.
- Une prise mâle ou une prise femelle ? s'enquiert le vendeur.
- Idiot ! dit la dame. C'est pour une réparation, pas pour faire de l'élevage !

- Mon mari voudrait assister à l'accouchement. Est-ce possible ? demande une jeune femme enceinte.
- Bien sûr, répond le médecin. Non seulement c'est possible, mais il est tout à fait souhaitable que le père assiste à la naissance de son enfant.
- Oh non, surtout pas, répond la jeune femme. Chaque fois qu'ils se voient, mon mari et lui, ils se bagarrent.

Bonjour, docteur. J'ai un gros problème, je trouve que mon vagin est trop profond, explique une jeune femme.
Le médecin dit à la dame :
- Allongez-vous là, on va vérifier ça.
La femme s'allonge, le gynécologue l'examine et dit :
- Ah oui, c'est vrai qu'il est profond... ah oui, c'est vrai qu'il est profond... ah oui, c'est vrai qu'il est profond... ah oui, c'est vrai qu'il est profond... ah oui, c'est vrai qu'il est profond... ah oui, c'est vrai qu'il est profond...
- Mais cela suffit, docteur, s'impatiente la dame, j'ai compris, ce n'est pas la peine de me le répéter cinquante fois !
- Mais ce n'est pas moi, c'est l'écho, répond le médecin.

Un monsieur rentre chez lui. La petite bonne le prend à part pour lui dire qu'il a des traces de rouge à lèvres sur le col de sa chemise.
Le maître de maison se confond en remerciements :
- Merci Marie ! Vous m'avez sauvé la vie ! Et surtout, pas un mot à quiconque !
La bonne lui répond :
- Oh ! Que monsieur soit tranquille... Je suis une vraie tombe quand on me recommande la discrétion... Madame vous le confirmera !

Deux copains parlent librement :
- Sais-tu ce que je regarde en premier chez un homme ?
- Non !
- Sa femme.

Quand son mari rentrait à la maison, le soir, une femme très jalouse inspectait minutieusement son costume et si elle n'y trouvait aucun cheveu, elle lui disait :
- C'est trop fort ! Alors maintenant tu me trompes avec une femme chauve !

Un couple fait chambre à part depuis des années. Une nuit, le mari est réveillé par des cris stridents provenant de la chambre de sa femme.
Il se précipite et la trouve tremblante :
- Un homme s'est introduit (sans jeu de mot) ici et m'a violée à deux reprises !
- A deux reprises ! Mais pourquoi n'as-tu pas crié tout de suite ?
- Parce que je croyais que c'était toi ! Ce n'est que lorsqu'il a voulu recommencer que j'ai compris.

Un étudiant en médecine passe son examen final. Hélas, la question qui est posée ne l'arrange pas :
Décrivez les trois avantages du lait maternel pour l'alimentation des bébés.
Deux avantages lui viennent rapidement à l'esprit, et il écrit :
- Il recèle le meilleur équilibre nutritionnel pour l'enfant.
- Comme il est issu du corps de la mère, il est protégé de tout germe et contribue à développer le système immunitaire de l'enfant.
Mais il ne voit pas le troisième avantage, alors il écrit tout de même :
- L'emballage est très joli.